微表情心理学

瞬间看透内心

张荣妹——编著

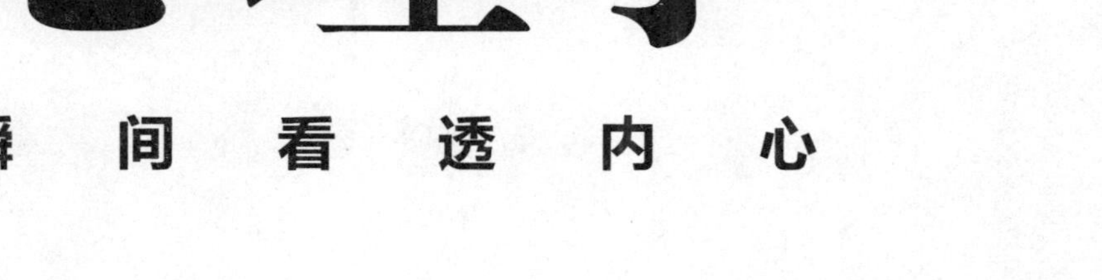

H.P.H 哈尔滨出版社
HARBIN PUBLISHING HOUSE

前　言

一个人的一言一行、一举一动，甚至一个眼神、一个笑容，都在向他人传递着一些微妙的信息，这些信息正好反映着我们当时的真实心情以及真正的性格特征。很多时候，我们想要真正地去了解一个人，了解对方心中的真实想法，并不是一件容易的事情。或是出于防卫，或是出于欺骗，人们通常都会将自己隐藏在一张无形的面具后面，不让他人轻易知道自己的心理和想法。与此相同，我们自己也会有这种心理和行为，不想让自己某时某刻的心理活动被他人看透，不想对方轻而易举就掌握我们的性格特点。因此，我们也会给自己戴上一张“面具”。

然而，没有人能完完全全地将自己掩藏在面具后面，你的眼神、你的表情、你的举手投足，甚至你说话的声音，都会暴露出一定的心理和性格。研究人员曾经做过这样的实验，让一些人通过做出一些表情将内心感受表达给对方看，结果发现，在人们做的不同表情之间，或是某个表情和动作里，都会“泄露”出其他的信息，这种表情也被笼统地称为“微表情”。比如说，当我们在做某个表情时，这些持续时间极短的表情会一闪而过，而且有时表达的恰恰是相反的情绪。如果对方是个深谙“微表情”的人，就会通过我们那一闪而过的表情或动作，洞悉到我们真正的心理活动。对于细心的人来说，要识别他人心中真正的想法，是完全可以做到的。

现在，世界各地的许多政治家都在进行“微表情”方面的研究，并将之运用到实践之中。比如，人们会借助自己的一些肢体语言向大众传递出一些虚假的信息，假装相信一些他们并不相信的事情；或是给大众或媒体一些错误的暗示，从而掩盖自己的真实心理和想法。不光是政治家，其他领域的从业者对此也深有兴趣，比如，销售人员会根据客户的面部表情或只言片语来确定客户的购买或拒绝心理。如果你是一位客户，那么你在不经意间做出的“微表情”，就可能成为销售人员决定继续向你推销还是放弃对你进行推销的重要依据。

通过上面的描述，我们知道了“微表情”会透露出我们很多的真实情感。也许在不知不觉中，我们的“微表情”就已经将我们的内心出卖，使别人获悉了我们试图掩盖的情绪。尤其是在商务活动中，一旦被对手看透内心，我们就可能被对方控制，难以争取应得的权益。

那么，怎么办呢?

本书是站在保护自己和完善自己的角度，意在帮助读者弄清楚在社交活动中究竟哪些表情和动作会“出卖”我们的内心想法，并提醒读者注意在今后的社交中如何不做或尽量少做出类似的表情与动作，从而不让这些“微表情”将我们的内心活动展露给对方。同时，本书也告诉读者如何根据自己对这些表情和动作的了解，学着去洞悉对方的心理活动，从而让自己拥有一双慧眼，掌握更多的社交主动权。如此做到知己知彼，定能百战不殆！

CONTENTS
目 录

第一章 微表情中隐含着我们的秘密

第二章 你的眼睛也会出卖你的心

第六章　口是心非：无法对你说谎的嘴

第七章　笑看风云：不同的微笑不同的含意

第八章　教你一眼看穿他的心

第一章

微表情中隐含着我们的秘密

微表情，是内心流露与掩饰，是心理学名词。人们通过做一些表情把内心感受表达给对方看，在人们做的不同表情之间，或是某个表情里，脸部会“泄露”出其他的信息。“微表情”最短可持续1/25秒，虽然一个下意识的表情可能只持续一瞬间，但这是种烦人的特性，很容易暴露我们的真实情绪，让我们的内心想法展露无遗。

1. 每个人都戴着一张面具

每个人都戴着一张面具，用以掩饰自己的内心。

在人际交往过程中，我们常常有这样的感觉：即使彼此互不言语，但人的心理变化也会流露在表情上。心情愉快时，面部肌肉自然就会松弛；而心存悲哀时，自然会伤心落泪。可以说，表情通常要比言语更能明显地表达一个人的心理动态。然而，想借由他人的表情来判断他人的内心看似简单，事实却并不尽然。

就拿我们自身来说，有时我们的表情、动作、言语可能会刻意掩饰当时的真实心境，不想让对方识破自己的真实想法。这时，你明显展现出来的表情，也许并不是你心中真正所想的。

这种情况很常见，因为在社会的人际交往过程中，几乎每个人都戴着一张面具，心理学上称之为“人格面具”。也就是说，在社会中，每个人所表现出来的，肯定不全是自发的自己，而有一部分是顺应别人的期望、社会的看法等。而且，这种“人格面具”对人顺利地适应社会也是必需的。

首先，现代社会文明礼仪需要有一张“面具”。今天，表情不再只是一个内心符号，其在人际交往中的作用越来越明显。在谈判或洽谈生意中，我们可能时常会遇到这样的情况：对方始终面露笑容，给人的感觉好像是极为满意的回应，本以为成交是毫无问题的，结果对方却以各种理由加以拒绝。由此可见，当时对方表露出来的笑容就是一种伪装，让人看不清他的“真实面目”。

其次，我们的本能也需要有一张“面具”。出于人类自我保护的本能，没有人愿意把自己内心的活动完全暴露给别人，每个人或多或少地都需要拥有自己的“隐私”。在某些场合下，我们甚至会很担心自己的心理动态被别人察觉，于是就会极力掩饰内心活动，表情也会与内心形成鲜明的对比，别人可能无法从我们的表情中看透我们的真实感情，或者我们的表情根本就是伪装的。

虽然我们极力戴上“面具”来掩饰自己的内心，但是面部的细微表情还是会出卖我们。不经意间的一个微笑、一句话，不知不觉中的一举手、一投足，都可能成为别人洞悉我们内心的工具。所以，要想让自己的内心世界真正“保密”起来，不让自己被表情出卖，我们还真需要多下点工夫。

每个人都戴着一张面具，
用以掩饰自己的内心

2. 表情是我们内心的外在反映

我们常常听到这样的评价：“这个人很精神”。这里所说的“精神”，指的就是一个人的表情。人的表情是由人的面部器官、肌肉组织的各自表现而形成的组合效果。因此，表情也是我们内心世界的外在反映。

一个人的情绪、心态、自信度和注意力等，无时无刻不通过表情让他人感觉和了解到。比如，基于我们对“甜”和“苦”不同的生理反应，也就形成了“愉快”和“不愉快”两类不同的基础表情。当我们感到愉快、喜欢、幸福、快乐时，我们的面部肌肉就会横拉，面颊提高，额眉部放松，眼睛眯小，瞳孔放大，嘴角后收上翘；当我们感到不愉快、愤怒、恐惧、痛苦、厌恶时，面部肌肉就会纵伸，面颊下降，面孔拉长。当然，也许在出现以上这些情绪时，我们不能看到自己的面部表情，但你完全可以借助镜子来看到自己的内心世界在面部的真实反映。

表情也是一个人心理状态的外在表现。无论在什么场合，我们都应该表现得自然、从容，该严肃时严肃，该活泼时活泼，该沉默时沉默，该微笑时微笑。这样，才能在人际交往中如鱼得水。

古人说：“情，动之于众，形之于外，传之于声。”在人际交往过程中，我们还要善于控制和调节自己的情绪、神态，使之适合交际的需要。神态的错位或失常，都会令自己的表情、神情与交际环境相矛盾，容易引起别人的误解甚至反感。

虽然表情的动作基础是遗传于我们的祖先，但也需要后天学习，比如新生儿就能模仿父母的动作、表情等。因此，表情虽然是我们内心世界的外在反映，但也可以人为地加以控制，既可以夸张，也可以抑制，还可以掩盖和伪装。演员就是通过想象和模仿，真实地体会所扮演角色的内心情感。

这就是说，当我们在受到社会环境的局限和影响时，也需要学会通过对表情的控制来掩饰我们真实的内心世界。比如，当我们不高兴的时候，仍可装出高兴的样子；内心很悲伤，表情上仍然可以很好地克制，甚至做出相反的表情。这虽然会给人一种假象，甚至是欺骗，但却是一种谋生的技巧和能力，令我们在社交过程中能够处变不惊，处之泰然。

由于每个人的天赋不尽相同，这种通过控制表情来掩饰内心真实想法的能力，是可以从后天环境的磨炼中精进的，间谍和情报人员就是这方面的佼佼者。但是，除了这些“专业”的人员，通常我们的伪装是会露出一些蛛丝马迹的，遇到对表情洞察能力较高的人，你的这些“蛛丝马迹”就很可能会“出卖”你，使你的内心被对方看透。也就是说，有些人能够很敏锐地洞察到对方的表情是否自然、是否有所伪装，洞悉对方内心的微小变化。那么，面对这样的“高手”，你该如何应对呢？这时就需要注意我们不经意间表露出来的“微表情”。

3.“微表情”让我们掩饰不了“真相”

不经意的小动作和表情，泄露了你最想隐藏的秘密。

所谓微表情，通常是指脸部的一些瞬间表情。人们往往会通过一些表情将内心的感受表露出来，而在不同表情之间，或某个表情里，还会“泄露”出其他的信息，这种信息就是通过“微表情”泄露出来的。

微表情最短持续时间为1/25秒，但这是一种烦人的特性，因为它很容易暴露出我们的真实情绪，甚至是一些我们想要掩饰的情绪。当我们在做某个表情或动作时，这些持续时间极短的表情就会一闪而过，而且它常常要表达的都是相反的情绪。

在国际上，微表情的研究已经有几十年的历史。早在1966年，美国有学者就已经关注到微表情这种心理现象。1969年，埃克曼正式提出了微表情的概念，并从此开始了系统的研究。2000年，日本研究人员也在国际权威期刊上发表了他们的微表情研究论文。

在热播的美剧《别对我撒谎》中，主人公卡尔往往用令人惊异的方法轻松破案：没有逼供，没有物证，只是和爆炸案嫌疑人聊会儿天，捕捉到了对方耸肩、吸鼻子等几个转瞬即逝的表情、动作，便以此为线索找出了爆炸物的安置点，让人惊叹不已。

其实，这就是微表情的作用。语言可以掩饰，表情可以伪装，但本能做出的微表情，却是真实的。利用脸部细微的表情来分析被观察者，就可以判断出对方语言背后的真正含意，从而推测出他是否在撒谎，最终分析出事情的真相。

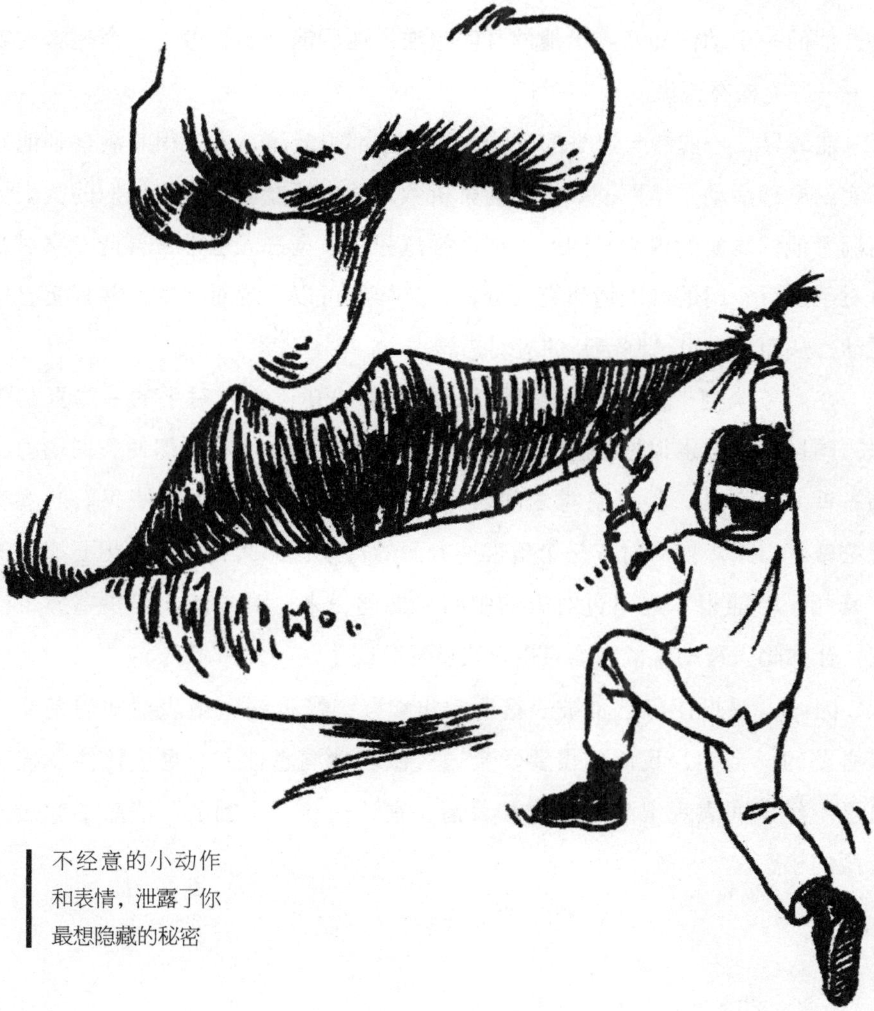

不经意的小动作
和表情，泄露了你
最想隐藏的秘密

比如，一个人后退一步，做了一个抱胸的姿势，这表达的是肢体阻挡，因此也表明他在说谎。

我们可以以一个历史事件作为范例。当年，尼克松总统在电视上为自己辩护，他语言铿锵地说："我不是骗子，我的所得都是辛苦赚来的。"但是，他的一个动作却暴露了他的真实想法：他后退一步，做了一个抱胸的姿势——尼克松在说谎。

在政界，一些参与选举的政治人物通常都很老练，外人很难洞察到他们真实的心理活动。然而，如果学会解析微表情，就能通过捕捉他们的微表情而洞悉他们真实的内心。因此，在选举过程中，竞选人也常常会请专家对竞争对手进行专门的微表情研究与分析，这样就可以发现对手的一些真实心理活动，从而帮助自己制定新的应对措施。

在商务谈判中也是一样，我们都想准确地知道谈判对手的一些真实想法；同样，对方也很想洞悉我们表情背后的真实内心。有时即使我们竭力掩饰一些真实想法，但不自觉之间表现出来的微表情，也可能使我们的真实想法暴露出来。如果对方是个微表情方面的行家，那么我们极力想要掩饰的"真相"可能根本逃不过对方的眼睛。如此一来，对方就会很快掌握主动权，让你陷入被动，谈判结果也很快就见分晓了。

因此，要想让自己不被表情所"出卖"，懂得一些微表情知识是非常有必要的。当然，我们不仅要学会通过微表情洞悉他人，更应该注意控制自己不经意间表现出来的动作和表情，别让这些"小细节"泄露了你最想隐藏的秘密。

4. 面部表情是写在脸上的心情

面部是人的精神的体现，也是个性的象征，它与躯体有着明显的区别。面部能够表现出柔情、胆怯、微笑、憎恨等多种感情，是“展露内心世界的几何图”。面部表情是我们最重要的体态语言，是写在脸上的心情。

我们的面部可以表现出很多复杂而又十分微妙的表情，并且变化十分迅速、敏捷和细致，可以真实、准确地反映出我们内心的情感。要引起他人的注意，我们完全可以通过面部表情的变化表达出来。这样，在我们开口之前，对方就已从我们的面部表情中得到了一定的信息，对我们的气质、情绪、性格、态度等有所了解。这也正应了“看人先看脸，见脸如见心”这句话。可以说，面部是一个人价值观与性格的外在体现。因此在人际交往过程中，对方在看我们时，通常都是先看我们的脸。

据美国心理学家保尔·埃克曼的研究，面部表情可分为六种最基本的类型：惊奇、高兴、愤怒、悲伤、藐视、害怕。他发现，不论生活在哪里的人，表达这六种最基本的感情的面部表情都是相同的。1966 年，他曾将一些白人的照片拿到新几内亚一个处于石器时代的部落中，那里的岛民与世隔绝，从未见过白人，但他们却能正确无误地说出照片上白人的各种表情所表达的含义。他还发现，天生就双目失明的人，虽然从未见过别人的面部表情，但却能以同样的面部表情来表达情感。

古希腊哲学家德谟克里特创立了原子论，被后人誉为唯物论的鼻祖。有一天，德谟克里特在街上遇见了一位熟识的姑娘，他便与姑娘打了一声招呼：“姑娘，你好！”

第二天，德谟克里特再一次碰到与昨天同样打扮的那位姑娘时，却这样招呼道："这……这……太太，您好！"一夜之间成为"太太"的姑娘脸上马上涌上了害羞的潮红。

那么，德谟克里特是如何看穿那位姑娘"一夜之间变成太太"的呢？就是他仔细观察了那位姑娘的脸色、眼睛的活动情况、面部表情等一系列举止的结果。据说，德谟克里特有种强烈的探索欲望和观察力，有时正吃着鲜美可口的瓜果，会突然从房间里跳出来，跑到地里去搞清楚瓜果为什么这么好吃。

当然，现实中不是每个人都能像德谟克里特那样善于从脸部看人，这种能力是要通过努力学习和长期实践才能得到的，它不是雕虫小技，而是一种极其重要的做人、看人的本领。但是，我们也不能因为具有如此洞察力的人不多，就忽略自己面部表现出来的微表情，认为自己不会被看破。有时，也许我们不自觉的一个小粗心，就会被对方看穿隐藏很久的内心世界。

5. 笑容背后，展现的是“心里话”

笑容是人类最主要的表情之一，虽然动物也可以表现出愤怒、恐惧甚至悲哀的表情，有的动物还会哭泣，但几乎很少有动物会笑。笑容可以传达很多信息，一个微笑往往包含着我们很多的“心里话”。

真诚的笑容，不仅能使我们与他人和睦相处，还能给我们的人际关系甚至事业带来极大的成功。

戴安娜王妃也许是世界上最擅长微笑的女性，虽然人们对于戴安娜的喜爱有一部分是因为她热衷于慈善事业以及她的亲民作风，但没有人能否定，戴安娜王妃的笑容征服了整个英国，甚至是整个世界。由于戴安娜王妃的出现，英国王室一贯的封闭作风也被打破。

戴安娜王妃从不吝啬自己的笑容，不论是面对皇室成员还是普通民众，她的脸上始终都保持着真诚的微笑。那饱含真诚的微笑，也让我们看到了人性中最美好、生动、温暖、善良、纯洁的东西。

当我们在解读“笑容”这个面具时，我们要明白笑容有时也是为了掩饰表面之下的各种情绪，如悲伤、恐惧、无聊、愤怒等等。我们多数人在伪装自己的情绪时，最拿手的表情就是笑容。虽然大多数时候笑容是喜悦的表现，但事实上，笑容也是各种矛盾情感的一种表达方式。

生物学家研究发现，笑可以刺激我们的大脑分泌出一种叫“内啡肽”的物质，帮助我们放松神经，产生愉悦的感觉。在一项测试中，测试者被要求观察面前的女性照片，然后说出他们对这些女性的感觉。结果发现，保持笑容的女性多数被认为是“年轻的、随和的和善于交往的”；相反，那些眉头紧锁、面带忧郁的女性则被认为是“老气的、古板的和难以接近的”。

研究还表明，笑容是最具有说服力的表情。

当你在微笑着与他人说话的时候，你说服别人的成功概率是使用其他表情的七倍以上，这也是我们在电影海报、平面广告和电视节目中都偏向于采取笑容的原因。

笑容可以传达很多信息，一个微笑往往包含着我们很多的“心里话”。通过笑容，别人能够洞悉我们的性格特点和彼时彼刻的内心活动等。

比如，当我们与陌生人相遇或相撞时，露出微笑就是为了向对方表达好感，表明自己没有敌意；当我们内心感到失望时，我们可能会哑然失笑，这是一种自我解嘲的笑容；当我们与他人微笑交谈时，突然因为某个话题而停止微笑，这是对对方的一种无言的警告；等等。

开心的时候，我们会不由自主地露出笑容，但当我们极度悲伤、紧张或焦虑时，我们也会发笑。这是由于我们身体的调节机能通过自主调节，为维持情绪相对稳定而做出的一种平衡性应激行为，就如同我们在炎热时身体通过排汗来降低体温一样。所以说，笑容也是身体对于我们心理活动的一种有效调节手段。

6. 细微动作也可以展示我们的内心

生活中，一些貌似细微的动作往往最容易“出卖”我们，像搓手掌、跷二郎腿、玩弄头发等，这些动作都会暴露出我们内心当中的很多想法。

如果你在社交过程中注意观察他人，你会发现，肢体语言少的人，一般都是比较精明的人。因为这类人知道，肢体语言可以代表人的一些心理，不经意的细微动作，就可能会暴露自己的内心。所以，他们会刻意避免自己做出太多的细微动作，以使自己的真实想法不被别人看穿。

西方银行家史密斯曾经说过：“魔鬼就在细节中。”

如果将这句话用在工作和生活中，通过实践就能证明它的确是一句真理。这些细微的动作虽然是琐碎的，常常不易引起人们注意的，然而，它们却翔实地记录着我们的性格特征和思想动态，也最能反映我们的真实性格和心理。

在著名影片《列宁在 1918》中，克里姆林宫的卫队长马特维耶夫打入敌人营垒。由于伪装巧妙，他一直都没有露出破绽。然而有一次，当他突然听说敌人要刺杀列宁时，他却在敌人面前不由自主地站了起来，结果引起了敌人的怀疑和追杀。

由此可见，就是这个不经意间的动作，出卖了马特维耶夫隐藏在内心的秘密。

有时我们感到无聊时，可能会抠指甲；有时我们感到烦闷时，可能会皱着眉头吸烟；有时我们焦虑时，可能会将一张小纸片叠来叠去；等等。而自己触碰自己，也是替代行为的一种。比如，当我们遇到挫折、感到焦虑、感到羞耻以致情绪不稳时，我们就会无意识地触碰自己的身体安慰自己，情绪也会随之安定下来。也许你不认为自己的这些动作会表露出内心，可是，一些人往往就是通过你表现出来的这些细微动作来揣测你的内心世界。因为他们明白，每个人的内心世界都会通过他的细微动作表现出来。尽管你此时此刻与对方并没有语言交流，但你所展现出来的动作，往往比你的语言更能体现你的内心世界。

人的心理活动还会从坐姿中体现出来。在日常生活中，我们坐什么座位、怎么坐，实际上都能反映出我们较深的心理特征。比如，有的人一坐下就喜欢跷二郎腿，表明他具有好胜和反抗的意识；有的人喜欢坐下后双腿和双脚都并拢起来，那他可能会是一个比较谦虚的人，也可能是一个内心世界很封闭，听不进别人意见的人，这种人会给他人一种木讷、古板的印象；有的人喜欢将两个膝盖并拢，小腿却随着脚跟分开，呈“八”字形，一般给人的印象是内向、羞涩、胆怯；等等。

如果我们不注意这些小细节，在与人交往时过于随便、不讲究，就可能被人一眼看透。尤其是在商务谈判时，如果不能隐藏自己的真实想法，就会使自己陷于被动，甚至不能为自己争取到应得的利益。

因此，在人际交往过程中，如果我们也能多留意别人表现出的一些类似的细微动作，并能做出积极、正面的努力，那么对于揣摩他人的心理也会有很大帮助。

7. 语言最能透露我们的真实想法

一个人的感情和想法，通过语言是最能表现出来的。一个聪明的人，也很容易通过别人的语言揣摩到别人的内心，即使是那些弦外之音，也能从说话的帘幕下逐渐透露出来。

固然，言谈的内容是表象因素，但言谈语速的快慢、语气的急缓、语调的高低、语言的内容等，却可以充分地展示出一个人的职业、身份和知识水平。

根据一个人的话语，人们就可以判断出他每天的工作成绩、效率，更能进一步了解他的情绪、个性特征等等。张口说话，其实就是在为自己画像。

我们可能都有过这样的体会：当内心感到恐惧或不安时，说话的速度会不自觉地变快。但是，由于没有充足的时间让我们来冷静地反省自己，因此所说的话也大多比较空洞。面对这种情况，心思缜密的人就会窥测到你内心的不安。

五代时期，冯道与和凝都在中书省任职。冯道说话语速缓慢，而和凝却是个性急之人。两人说话办事都很果断，由于性格差异，两人经常为一些小事而意见不合。

有一天，和凝看到冯道买了一双新鞋，觉得款式不错，自己也想买一双。于是就问冯道："先生这双鞋卖多少钱？"冯道慢吞吞地举起右脚，缓缓地对和凝说："这 900 文。"和凝一听，大急，便对手下人大发脾气："你怎么告诉我说这种鞋子要 1800 文？"正想继续责骂，这时，冯道又缓缓抬起左脚，说："这只也是900文。"和凝怒气才消。

从故事中简单的对话，我们就可以看出两人不同的个性特征：冯道性格沉稳，说话办事都比较缓慢；而和凝个性急躁，说话办事都颇为自我。因此，两人在语言风格及对话语速上也就各有特点。

可见，一个人说话的语速快慢，足以体现一个人的个性特征和内心情感。

语调也能够反映一个人的内心世界。世界著名音乐家肖邦曾在一家杂志的专栏里写道："当一个人想要反驳对方的意见时，最为简单的方式就是拉高嗓门，提高音调。"相信你也有同样的感受，当想要给自己壮大声势时，最明显的做法就是提高说话的音调，并且试图将对方压倒。

在言谈过程中，除了语速和语调外，语言本身的韵律，即节奏，也与一个人的内心活动息息相关。比如，我们在充满自信时说话，那么语言的韵律就较为肯定；相反，缺乏自信时，说话就会显得"底气不足"。一个成功的政治家或企业家，在控制言谈的韵律方面，通常都有独到之处。也正因为这种细节性的处理方式，才令他们更能赢得社会或下属的认可和尊重。

另外，在日常生活中，许多人说话时往往在无意之中高频度地使用某些词语，也就是我们常说的"口头禅"。可别小看这些"口头禅"，这些语言习惯恰恰能体现我们说话时的真实心理和个性特点。稍不留心，别人就可能从我们的口头禅中窥见我们的内心世界。

8. 声音，会让别人潜入我们的灵魂

声音也会展现我们的内心世界。浅显地理解，是指别人通过听到我们的声音，包括说话声、脚步声、笑声等，就能知道我们是谁。当然，前提是必须与我们认识，而且对我们的声音很熟悉。高层次地理解，是指别人能够通过我们的声音，判断出我们的内心活动、心性品德、职业爱好等。虽然这是一个复杂的判断过程，既需要有经验的总结，也需要有灵感的涌动。但是，有一些人却能够通过声音来洞悉我们的内心世界，也就是说，声音也可能会出卖我们！

从生理学和物理学的角度来看，声音是气流冲击声带引起空气振动而产生的。我们常说，心动为性——“神”和性发成声——“气”。意思是说，声音的产生是依靠自然之气（空气），也与内在的“性”密不可分。声音又与我们说话时的心理活动密切相关，高低、轻重、缓急、长短、清浊都有不同，这与人的个性特征也是息息相关的。

郑国的子产有一次外出巡查，突然听到山那边传来妇人悲痛的哭声。听到哭声，随从们都准备救助，可子产却命令他们立刻拘捕这名妇人。随从们不敢多言，遵令而行，逮捕了这名妇人。当时，这名妇人正在她丈夫的新坟前痛哭。以子产的英明，不会对此妇人动粗，而子产之所以拘捕了她，是因为子产的闻声辨人之术。他从妇人的哭声中，听到的不是哀恸之情，而是满蓄恐惧之意，因此怀疑其中有诈。审问的结果，果然妇人与人通奸，害死了丈夫。

由此可见，通过声音完全可以辨别一个人的心事。《礼记·乐记》云：

“凡音之起，由人心生也。人心之动，物使之然也。感于物而动，故形于声。声相应，故生变。”意思是说，对于一种事物有感而生，必然表现在声音上。人的声音可以随着内心世界的变化而变化，所以说“心气之征，则声变是也”。

此外，人们也常说“理直气壮”，意思是说，只要你占了理，说话的气势就会很盛，声音也会提高。但有时有些人根本没理，声音反而也很“气壮”，这是为何？其实，这时提高声音就是为了掩饰自己内心的虚弱。自己没理，内心是很清楚的，可是又不肯承认，于是只要用高声音、“气壮”来强撑。

其实，说话、讲道理时声音的高低，有时也是我们自身素质的直接体现。如果你有理，就心平气和地与对方讲道理，不必高声大气，以此来使自己显得强势，这反而更容易被人看到你内心的软弱；如果没理，那就更没必要强撑了。过分“气壮”、大吵大嚷、“叫嚣式”地给自己撑面子，只会让你的个性和内心暴露得更多。

由此可见，声音也会泄露出我们的内心活动。通过我们的声音，别人也能够“潜入”我们的内心，窥测我们当时的真实感受。

9. 说话的内容和方式体现我们的真性情

在我们与他人的谈话过程中，如果对方细心留意我们谈论的内容，就可以从中获得一些有关我们性格和心理活动的信息。虽然我们不是非常直观地向对方透露出自己的信息，但随着谈话的进行，我们也会在有意无意、不知不觉当中暴露出内心的秘密。这也就是说，谈话也会体现出我们的一些性格特点。

通常来说，对方通过一次谈话内容来探索我们的深层心理，主要有两种方式：一种是根据我们所谈论的话题内容来推测我们的心理秘密；另一种则是根据谈话展开方式洞察我们的深层心理，以了解我们的个性特征。而事实上，要想了解我们的性格特征和内心动态，最有效的方法就是观察话题和我们本身的相关情况。所以说，言谈话语也会成为“出卖”我们性情的一个重要途径。

在社交活动中，虽然我们可以隐藏某种心理情绪，但谈话姿态以及习惯谈论的话题等自身感兴趣的东西，却会表现出我们自身的某些性格特征。

也就是说，我们平时一些不为人所知的情绪，往往会从某些话题中呈现出来。所以，对方也可能会通过分析判断我们的言谈话语，来洞察我们的内心奥秘。这是对方了解我们内心的有效方法之一。从一定的意义上说，言语是一种现象，人的欲望、需求、目的是本质。现象是用来表现本质的。而言语作为人的欲望需求和目的的表现，有的是直接而明显的，有的是间接而隐晦的，有的甚至是完全相反的。

对于一些直接表达我们内心动向的语言来说，每个人都能很容易地理解。正常的、普通的人际交往，都是以这类语言为媒介进行的。而那些含蓄隐晦甚至以完全相反的方式表现心理动向的言语，就不是每个人都能理解的了，但这并不等于别人都不能领会。有些人完全可以透过我们的言谈话语，来了解我们的内心动态，发现我们的深层动机。而这种知人的方法，就是言语判断法。

因此，我们的每一句话，每一种随谈话表露出来的表情，都可能成为他人看透我们内心情绪的窗口。例如，如果我们说话时，语气非常肯定愉快，那么表明我们的内心是愉悦的；如果我们话还没说出口，就已经怒气冲冲了，那么我们的心里一定是非常愤怒的。这些在说话过程中表现出来的“微表情”，其实都是我们内心活动的外在展现。这是想掩饰却掩饰不住的，即使我们想掩饰，别人从我们的神色中也能看出来。

总而言之，言谈是一个人品性、才智的外露。对方通过对我们言谈的方式、内容等进行分析辨别，就可以达到窥探我们内心世界的目的。因此，我们要想不直接、轻易就被对方识破自己的内心世界，最好能在言谈方面多加“练习”。即使不能完全掩饰内心，也至少不要将自己暴露无遗。

10. 身姿会暴露我们的真实意图

每个人都有自己的生活习惯、言谈举止，生活的方方面面都决定着一个人的个性和心理。通常来说，人们对自己的面部表情都比较敏感，都会有意识地控制自己的面部肌肉，能够做出一些与自己内心真实想法相反的表情。然而，一般人都不太考虑手、臂、腿、脚等身姿语言，但往往就是这些身姿，反而更容易暴露出我们内心的秘密。也就是说，我们的手和脚等肢体都是非常丰富的信息源，这些部分展现出来的姿势，也会暴露出我们某时某刻内心的真实意图。

很多时候，我们的肢体所传递出来的意图，是语言无法表达的。因此，我们也将身体各种姿势和动作体现出来的信息称之为“肢体语言”。而这些肢体语言是一种在任何场合、任何情况下交流具体信息的动作、手势和习惯的结合。我们在与人交往时，如果不太注意这些身姿所传递出去的信息，即使我们想极力掩饰一些内心感受，别人也可能通过我们在不经意间表现出来的肢体语言，来判断我们此刻的内心活动。

可以说，我们的身体会告诉别人许多真实的情况，手势、站姿、坐姿以及其他身体姿势，都能说明一些问题。因为这些都是我们的身体想要将某些压抑的情绪表现出来而发出的信号。每一个手势，每一个动作，都可以清晰地传达出我们的真实感受。

西汉时期，张汤是御史大夫，他生性残暴，狡黠多诈，经常谄媚皇帝。御史中丞李文是张汤的下属，看不惯张汤的行为，经常在皇帝面前揭发张汤，因此张汤对李文恨之入骨。

张汤手下有个小吏叫鲁谒居，深得张汤信任。他为了讨好张汤，罗织了很多罪名陷害李文。皇帝命令张汤审理李文案，张汤诛杀了李文。

一次，皇帝不经意地问起此案，张汤假装不知，退朝后他立刻就去找鲁谒居商量对策。此时，鲁谒居已卧病在床，双脚红肿。张汤见状，亲自站在床边给鲁谒居按摩。碰巧这一幕被赵王看到了，他想，从没见过一个衙门主管如此服侍一个小吏，这其中一定有不可告人的秘密。

于是，赵王马上将这件事告诉了皇帝，皇帝赶紧派人调查，果然查出了李文之死是张汤为了公报私仇而一手策划的冤案。

由此可见，我们日常表现出来的身体姿势有时可能比语言更能体现我们内心的秘密。对于每个人来说，我们不仅可以通过身体姿势阅读他人的性格和心理，同时还应该多留意自己的一些身体姿势。因为在观察别人的同时，我们也在被别人观察着。要想不被别人看透内心的真实意图，在与人交往时，尤其在商务谈判过程中，我们就须要尽可能少地向别人泄露自己的“肢体语言”。

第二章

你的眼睛也会出卖你的心

在与人交往中，有90%的非语言信息都来自我们的面部，如眼睛、眉毛、嘴巴、鼻子等的细微变化。而眼睛则集中了面部表情的大部分信息，源自内心的各种情绪，冲突、烦恼、愉悦等总会不自觉地透过变化的眼神流露出来。而正因为眼睛的这种特性，别人也很容易通过我们的眼睛读到我们的内心世界。眼睛，也许在不知不觉间就已经出卖了你的内心。

1. 眼神里最能流露出“真情”

眼神里最能流露出“真情”。

眼神，是人们用来传递信息的一种重要手段，同时也是一个人最真实的内心写照。

有的人喜怒哀乐都不会经常显露在脸上，即所谓“喜怒不形于色”，不过，人们仍能从他的眼神中窥视到一些端倪。因此，眼神通常是最能流露出“真情”的。

早在战国时期，著名思想家孟子就曾有过精辟的阐述。他认为，眼睛是判断人心善恶的准则，所谓“存乎人者，莫良于眸子。眸子不能掩其恶。胸中正，则眸子瞭焉；胸中不正，则眸子眊焉。”传说古代官员在断案时，也会经常通过注视原告和被告的眼睛来辨别是非。

眼神不仅最能反映自己的内心活动，我们还可以通过眼神在某种程度上看懂对方的内心活动。知道了这个道理后，在和人相处时，你既可以向对方表达你的好意，同时也可以向你不喜欢的人表达你的厌恶情绪。

眼神为何能表达出如此多的心理活动？原来，人的大脑分左右半球，左半球主要有语言等关于意识思维的功能，右半球则主要负责掌管有关形象等方面的感受，并将其加以表现和应用。另外很重要的一点是，人的左脑支配人的右半身活动，右脑支配左半身活动。具体来说，掌管语言的左脑考虑问题时，人的眼球就会比较容易朝右活动；而掌管形象的右脑活动时，人的眼球又会比较容易向左做出反应。而且，这一眼神的变化活动也是非常细微的。

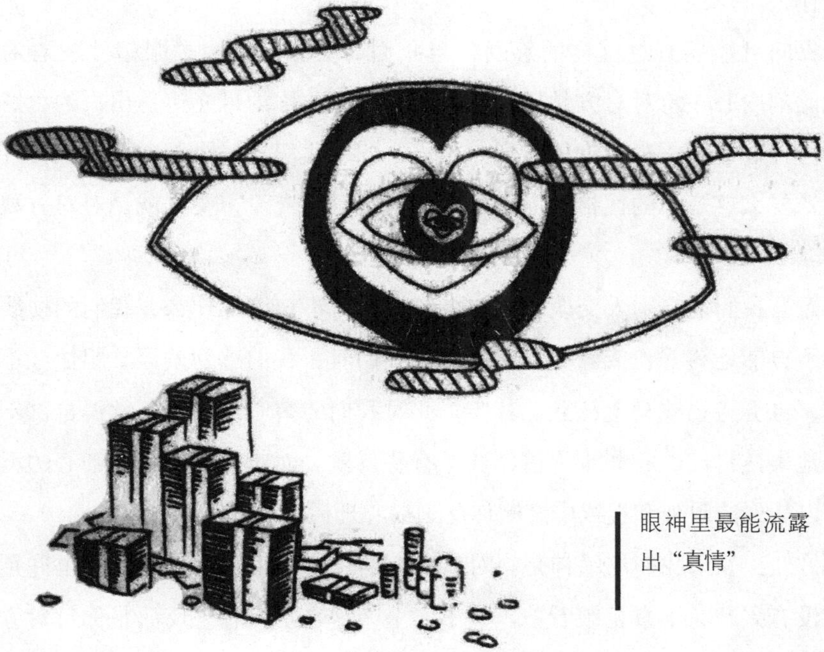

眼神里最能流露
出“真情”

形象一点来说，当你的大脑中联想出你从未经历过的场面时，你的眼神就会下意识地向右上方；当你浮想起以前曾经有过的体验时，你的眼神就会下意识地向左上方。

与人交往时如果能掌握这一法则，我们就可以通过眼神看到别人的内心。不过，倘若别人也能明白这一法则，那么对方就可能会通过你的眼神判断你的内心活动，甚至能通过你的眼神变化，来判断你是否在说谎或在极力掩饰什么。

我们可能还有过这样的感受，当我们与对方谈话时，眼睛注视着对方时，此刻内心一定对对方是比较重视的。这时，你的目光传达出去的含意，就是一种尊重和重视对方的表现。相反，如果我们看一眼对方马上就移开了视线，要么就是你的性格内向，不知如何与对方交流，要么就是对对方缺乏兴趣。

而当我们在与别人交谈时，如果忽然一时不知该说什么，我们的视线通常会不自然地移开；或者一旦对方注视我们时，我们感到羞涩、胆怯或不自信时，也会将视线马上移开。其实，此时我们的内心很纠结，觉得自己不能很好地表达自己，有些难为情，甚至有些自卑。而对方如果是个细心的人，也可以从你的眼神和视线中窥测你此刻的心理活动。

另外，如果我们的眼神是斜对着对方的，你本来想表达的意思也许是对对方没有兴趣，不拿正眼看他。而事实上，这在别人看来反而是你对对方很有兴趣，同时又不想被对方识破；或出于某种目的，你暂时不便于透露自己的心理。你不知道吧，也许此刻你的心思早已被对方看透了。

眼神，不仅能表现出一个人的性格，更能展现出一个人的内心活动。在社会生活中，如果我们的内心有什么欲望和情感，通常都会流露在眼神中，有时可能想掩饰都掩饰不了。

2. 眼球的运动泄露了你的内心秘密

眼球运动是一种内心的语言，蕴藏着非常丰富的内心活动。

眼神是无声胜有声的交流手段。然而，即使没有眼神的交流，眼球本身的运动也是一种语言。同样，眼球的运动也会泄露我们的内心秘密。在一些文学作品中，作者经常会用“眼球滴溜儿地转”来形容一个人的精明，用“死鱼眼”来形容一个人的呆滞、古板。这些形容并非人们的臆想，而恰好说明，眼球的运动在一定方面的确可以表现出一个人内心的活动规律。

正对着镜子，试着想一下，你将钱包落在哪个房间了？你有几件米色的衣服？同事小李长什么样？此时，你看到自己的眼球是如何运动了吗？没错，它们都在向上运动。其实，不论你是在回想过去的情景，还是在勾画未来的场面，只要是有画面感的情景，我们的眼球就会向上运动，进入视觉影像。如果你是在仔细聆听音乐或听别人说话，眼球就会跑到中间，这意味着，此时你已经进入到了听觉的世界。相反，当你感到腰酸背痛、被花刺刺到了手，或者被家里的小动物伤害时，你的眼球就会向下运动，因为此刻你正被感觉、身体触觉的情绪所控制着。

看到他人眼球上下运动时，我们也可以由此类推，猜测别人的内心活动。同样，我们眼球的运动，也会给别人传递出很多信息。当你认真听别人讲话时，你的眼球绝对不会向上翻起；当你正在积极动脑时，你的眼球也绝对不会定住不动。总之，眼球向上时，是视觉的、影像的；眼球在中间时，是听觉的、声音的；眼球向下时，则是感觉的、身体的。

对于大部分人来说，眼球向左边运动都是对过往的回忆，而向右边运动则是对未来的畅想。当然也有例外，那就是左撇子。

比如，当眼球向左运动时，你可能正在回想昨天午餐吃了什么，前天去了什么地方，上个月认识了几个朋友等诸如此类的问题。而当眼球向右运动时，你可能是在规划明年的工作，或者是在思考你的新家如何装修更好。可见，在回忆过去和畅想未来时，我们的眼球是会向不同方向运动的。

如果眼球出现迅速地左右运动的情况，表达的意思又有所不同。不知道你注意过没有，在辩论赛上，辩手们的眼球运动通常都是高频率的，而且，它通常会出现在正受到攻击的一方。这就是说，被诘难的人眼睛会快速地左右运动，因为他的大脑正在展开紧张的思考，希望找到合适的办法来应对诘难。可见，当我们在绞尽脑汁思考时，在别人眼里我们也一定会有这样的眼球动作。

此外，当我们感到紧张、不安，或怀有警戒心时，同样也会左右运动眼球，因为此时我们希望在全幅的视野中把握住情况，尽量搜集情报，或者试图稳定心情。

由此可见，眼球动向蕴藏的内心活动非常丰富，它能够告诉我们别人的内心在发生着什么；同样，它也会向别人传递着我们的内心在发生着什么。当然，如果你不想被别人窥视到真实的内心，那么在“眼球问题”上你就要有所警惕了。

眼球运动是一种内心的语言，蕴藏着非常丰富的内心活动

3. 不同的眨眼方式，透露出你不同的想法

眨眼是一种非常正常的眼部动作。在安静、放松的状态下，人的平均眨眼频率是每分钟十几次。一般情况下，成人每分钟只需要眨眼六七次就可以令眼球保持湿润。而当人们感到兴奋、烦乱、紧张或忧虑时，眨眼的频率就会提高。当人们放松下来，眨眼的频率又会恢复正常。因此，眨眼也能透露出一定的内心活动。

眨眼是有一定频率的，正常情况下，每次眨眼时眼睛闭上只有 0.1 秒的时间，这是一种下意识的行为。但是当我们感到压力或不安全时，这个时间就会有所延长，甚至有时会远远大于 0.1 秒，这是我们的大脑在企图阻止眼前的人进入自己的视线范围之内。如果你对别人做出这种无意识的动作，表示你对对方的感觉很糟糕，甚至是感到厌烦，已经无法忍受再与对方纠缠下去，希望对方在你的眼前立刻消失；或者表示自己比对方有优越感，有蔑视对方的含意。这种眨眼方式，就是在向别人传递你内心的不友好态度。总体来说，延长眨眼的时间间隔属于西方文化肢体语言的一种，尤其是英语国家中自认为是上流社会的人们，经常会做出这种动作显示自己的高贵。

那么，当你快速眨眼时，传递给别人的又会是什么样的内心活动呢？通常来说，如果你在一秒钟之内连续几次眨眼，那么表示你对某件事物或某个人很感兴趣。但是，也可能是你的内心正在进行着剧烈的思想斗争，对某件事有些犹豫不决，于是就会借助这种微妙的小动作显露出来。此外，当我们感到压力大或说谎时，眨眼的频率也会明显增加。所以，通过你的眨眼方式，别人也可能会窥测到你内心的一些小秘密。

在与人交谈时，倘若你心不在焉或者感到很疲乏，眨眼的频率就会变得很慢、很拖沓。这时，如果对方足够聪明的话，就会从你的眨眼频率中读懂你的内心感受，他会明白，此时你对他的话缺乏兴趣。很快你会发现，对方可能会试图改变话题，以便重新引起你的重视。

此外，连续眨眼、一副要哭的样子，代表你此刻是在极力地压抑自己的情绪。

如果连续眨眼，而且动作夸张，眨眼速度较慢，幅度却较大，你传递出去的信息就是一种惊讶或者不信任感，仿佛在对别人说："是真的吗？"如果眨眼睛时，连带动睫毛的振动都很明显，而且会刻意用力扇动睫毛，你要表达的就是一种卖弄的夸张。有些小女孩会用这种动作来装无辜，像在说："不是我的错，不是我做的。"

挤眼睛也是眨眼的一种，即用力地一眨眼睛，向对方传递某种信息。这种使眼色通常发生在我们与对方对某件事达成一致时，一般在极有默契的两人之间发生，以此表达我们与对方对某项主题有共同的感受或看法。有时，我们与朋友之间也会用挤眼睛来让对方知道要保守某个秘密，让对方不要说出来，两个人心知肚明就好了。

4. 目光是传递你内心信息的索道

目光，就像一条索道传递着人的内心信息。

目光是人类心灵的窗口中发出来的指引明灯，通过一个人的目光，我们可以搜索到其内心的想法。《三国演义》中有这样一个小故事，说是有一个外国使者要见曹操，曹操觉得自己个子较为矮小，长相不够俊美，于是就叫另一个身材高大而又美貌的卫士冒名顶替他，而自己则假装成卫士站在一旁。

见过面以后，使者退了出来，与曹操方面的陪同人员说："我觉得你们的丞相虽然相貌堂堂，却为什么没有一点大国丞相的威仪呢？倒是他身边的那个卫士，目光炯炯有神，有着难以言说的丞相风度呀！"

这个故事说明，一个人的目光可以透露出他的内心信息，甚至是他的内心秘密。

各种各样的目光，给人的感觉和它所表达的意思也是多种多样的。比如，在社交场合与人交谈时，我们的目光大多集中注视在由对方的两只眼睛和嘴巴所组成的倒三角区域内，这样可以给人一种平和、轻松、自然的感觉，令彼此之间的气氛显得不那么紧张和压抑。

通常来说，当我们和别人说话时，40%～60%的时间里，我们会和对方的目光相接；而在聆听别人说话时，这个比例会上升至80%。因此，如果想和其他人建立起友好的关系，就应该在谈话时多向对方投以友善的目光，这样的做法一定会让交谈对象对你产生好感。反之，如果在和别人谈话时紧张怯懦，目光不敢注视对方，那么对方对你就会产生不信任感。这同时也说

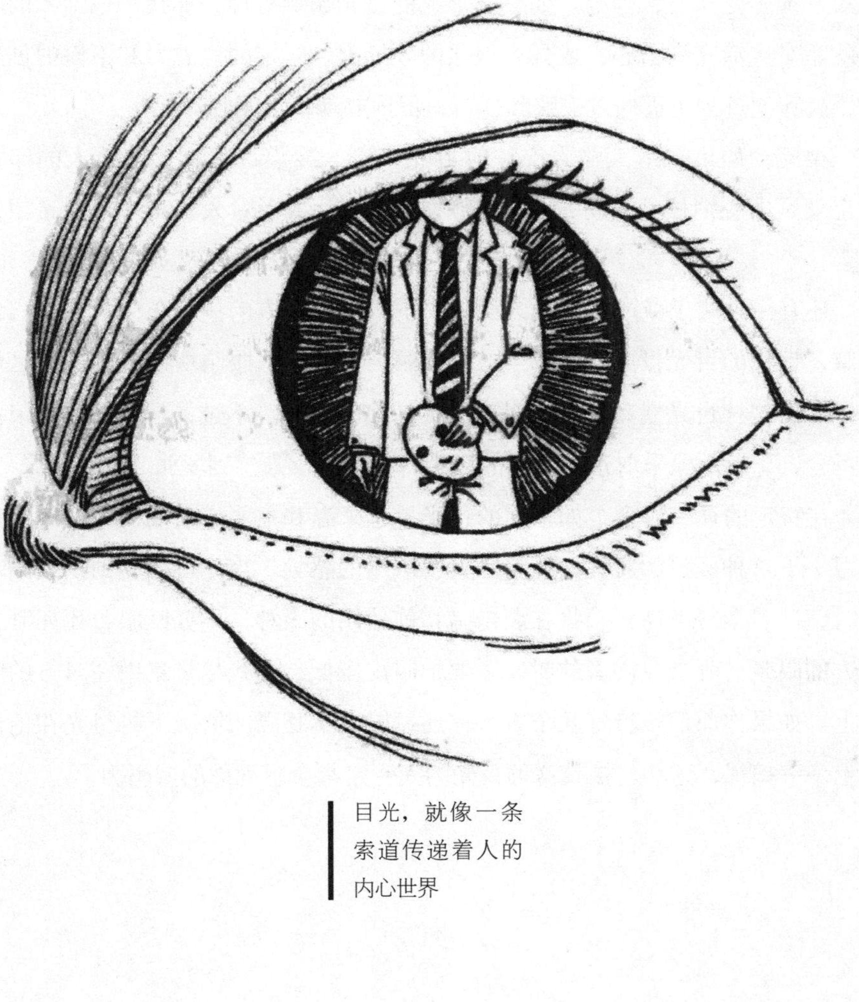

目光，就像一条
索道传递着人的
内心世界

明，为什么我们在商务谈判时不能戴墨镜，因为这会让对方认为我们要么是借着镜片的掩护盯着他们，要么是躲在镜片后逃避他们的目光。

善于观察别人的人，常常能够通过一个人的目光来窥视对方的内心世界，从而基本上可以判断这个人的过去经历是否顺利，心态积极还是消极，为人友善还是孤僻，等等。如果一个人的目光炯炯有神，那么，他给人的印象就是对生活充满信心，或具有很强的领导力、坚定的意志力和不懈的创造力，就算他过去也遭遇过失败和挫折，但内心却依然坚强。

相反，如果一个人与人交往时目光呆滞、冷漠，那么，他给人的印象肯定就是内心消极、颓废、生活不够如意顺心，或者对人生未来缺少希望，等等。

还有一种属于威严的目光。试想一下，如果对方的额头正中长了第三只眼睛，把你的目光投向假想的第三只眼睛与其他两只眼睛所组成的三角区域内，那么这种目光立刻就会让对方感觉到你的威严。不过，在友好或是浪漫的场合，千万不要采取这种威严的目光，否则会令人感到紧张、尴尬。

在特定的社交场合，如果你的目光看起来温和柔弱或怯懦无力，建议你练习一下这种威严的凝视，让自己具备威严的感觉。当你可能受到别人的攻击时，试着学习下肉食动物在袭击猎物前使用的眼神，不要眨眼，死死盯住对方的眼睛。盯着攻击者的时候，要把眼皮压低，视线尽量集中在对方的眼睛上。如果你面前站着好几个人，你还可以在不眨眼的情况下将目光在他们身上一一扫视，这样，接收这种目光的人一定都会感到你的威慑力。

5. 目光注视的方向，代表着你的心境

目光是人类肢体语言的重要表达方式，目光注视的方向不同，代表着人们不同的心境。比如，人们常说的“望穿秋水”，表达的就是盼望的迫切之情。当你在社会中与人交往的时候，有很多场合不方便用语言来表达，就可以借助目光来表达自己的心境。

在人际交往过程中，你是正眼看着别人，还是斜眼瞪着别人，这是一个非常重要和巧妙的交际问题。通常来说，在与对方初次见面时，都要用正眼来注视对方，表达对对方的尊重；而斜视则会引起对方的误解，认为你不够尊重对方。当然，斜视也能传达另外一种情况，那就是对对方的欣赏和支持，不过这种含意要结合其他多种肢体语言才可以表达出来。

除此之外，观察对方时，目光注视的方向是从上向下看，还是从下向上看，所表达的心境也是大不相同的。

如果你是上司，在与下级讨论工作时，你的视线通常都是由高处发出，而且眼神会自然地直接投射下来。这样的目光，传递的是一种对下级保持威严的心理。相反，倘若你是下级，在与上司交谈时，虽然并未做什么错事，但目光也往往会由下而上地移动，这样的眼神会显得比较软弱和顺从。

可见，目光注视的方向不同，表达的心境也是大有区别的。从上而下，所传递的是一种威严感和优越感；而从下而上的目光，代表的往往是软弱，或者是对对方的尊重、顺从，甚至是故意谦虚。

当戴安娜王妃在婚姻遭遇危机时，就采用了这种眼睛“由下向上看”的姿势，赢得了全世界的同情：下巴微微内收，抬起眼睛，从下向上看，露出

纤细的脖子，表现出她的孤独、痛苦与无助。这个姿势，几乎已经被戴安娜王妃整体艺术化了。这个孩子般的姿势，也令她获得了成千上万人的怜惜。尤其当人们认为戴安娜王妃遭到英国王室的攻击时，更是希望能像父母一样保护她、呵护她。

这样一种表示顺从、谦虚的姿势，通常不需要刻意练习，有时在特定的场合不经意间你就会表现出来。但是，这种不经意间表现出来的目光和姿势，往往能起到很好的效果。

不过也有例外，这种例外与职位高低、是否想获得同情都无关，而是性格原因所致。一般来说，在交往时，性格内向的人容易从下而上地开始注视别人，而且也容易移开视线。美国的比较心理学家理查·科斯曾做过一个实验，让患有强度“自闭症”的儿童与陌生的成年人见面，以观测他注视成年人时间的长度。将成年人的眼睛蒙起与不蒙的两种情况相比较，发现儿童注视前者的时间居然为后者的三倍。这就是说，双方目光刚一接触，儿童就会立刻移开视线。由此可知，性格内向的人，大多不太习惯从上而下地注视别人，或无法较长时间地注视对方。

6. 目光坚定不一定就说明你是诚恳的

我们知道，在人际交往中，与他人交谈时要遵守的规则是，应在谈话时盯着对方的眼睛，这样做首先是一种礼貌的表现，其次也可以传达你正在认真倾听的信息。但研究发现，即使我们目光坚定地看着对方说话，我们的内心也不一定就是诚恳的。

研究人员曾做过一个实验：他们找来一群人，将这群人分成两组，让他们面对面坐着，然后让其中一组人对另一组人说谎，研究人员提前在隐秘处安放摄像头，将这个情景拍摄下来。结果让人很吃惊：在实验者当中，只有大约 30%的撒谎者在撒谎时眼神游离不定，很容易就被研究人员发现了。而其他 70%的撒谎者，都在目光坚定地看着对方。因为他们知道，眼神游移就会被对方发现在说谎，所以他们采取了反其道而行之的方法避免被识破。

一般来说，当你在说谎时，目光会游移，眼珠通常会偏向一边，如果对方能洞悉这个微表情，就会知道你在说谎。如果你不想谎言被识破，那么，你的目光一定要表现得非常坚定。

同样的道理，当一个人目光坚定地看着你时，他也并不一定是诚恳的，也有可能是个撒谎高手。在这种情况下，要知道对方是否说谎，可以通过看他的瞳孔来判断。

心理学家研究发现，人们的心理活动与瞳孔变化有着非常密切的关系。西方流传着一个赌徒诈骗庄家的故事，就可以说明两者之间的密切关系。有个聪明的赌徒在下注时，都会先下小金额的赌注，然后他会密切观察着庄家的反应。如果赌注押中了，庄家的瞳孔就会骤然扩大，于是赌徒就加大筹码，庄家屡次输钱，但又不知道自己是怎样被识破的。

了解了上述情况之后，当你在听别人讲述事情时，便不能只将目光坚定作为传递内心诚恳信息的手段了，因为这可能是不可信的。所以，你还必须在目光坚定地看着对方的同时配合其他肢体语言，以便让你的诚意令对方看起来更为可信。

比如，在听别人讲话时，我们应当在目光专注地看着对方的同时，还用点头、插入发言等方式表达自己的意见和看法，或由衷地赞叹对方，以此来进一步告诉对方，你对他的话非常认可、非常重视。

而当你向别人讲述某件事时，为了让你说的话更具有说服力，首先应在讲话时与对方进行一定的目光交流；其次，还应该给出让对方相信的证据，如相关的具体数据、人物、地点等。此外还要养成说真话的习惯，让自己成为一个值得别人信赖的人。

7. 瞳孔的变化，展示着你的情绪变化

人的眼睛最能坦露人的内心隐秘和情感，正如一首小诗所写：“眼睛是心灵的窗口，不会隐瞒更不会说谎。愤怒飞溅火花，哀伤倾泻泪雨，它给笑声增一层明亮的闪光。”

眼睛表情达意的功能是极为复杂而微妙的，但它又有一个显著特点：看到很喜欢的人或事物，瞳孔会异常扩大，从而让我们最大限度地吸收光亮，向大脑输送足够的视觉信息，使内心的快感更加强烈，也持续得更久一些；而看到不喜欢的人或事物时，我们的内心就会产生消极的感受，这时瞳孔就会缩小，甚至会缩到针眼那么小。

比如，一个正常的男人在看到一位美丽迷人的女人时，他的眼睛会瞪得比平时大一倍。而当一个女人看到自己喜欢的衣服时，瞳孔同样会放大。当孩子看到自己喜欢吃的食物时，瞳孔也会放大，而且还可能伴随着口水增多的现象。

科学研究也表明：瞳孔变化最能反映出一个人内心世界的变化。凡在自己强烈感兴趣或具有追求动机时，瞳孔就会迅速扩大。据说，古代波斯的珠宝商人在出售首饰时，总是根据顾客瞳孔的大小来要价。如果一只钻戒的光泽能使顾客的瞳孔扩张，那么商人就将价钱要得多一些。呈现在眼前的美味食品也会令人的瞳孔放大，并且饥肠辘辘的人瞳孔会放得更大。如果再加上吞咽的动作，就构成了人们常说的“馋相”了。

瞳孔的变化是我们不能自主控制的，因此也容易成为别人窥测我们内心的一种途径。瞳孔的放大和收缩，真实地反映着我们复杂多变的心理活

动。如果我们感到愉悦、喜爱、兴奋时，瞳孔就会扩大到平常的四倍大；相反，如果我们感到生气、讨厌，出现消极的心情时，瞳孔会收缩得很小。倘若瞳孔不发生什么变化，那么我们对所看到的事物通常是漠不关心或感到无聊的。

除了视觉刺激，其他感官接受的刺激也可以引起瞳孔的变化。当我们聆听心爱的音乐时，用舌头品尝美味食品时，感到恐惧、紧张、愤怒、疼痛时，瞳孔同样也会出现扩大的反应。相反，当我们听到不愉快的事时，闻到不喜欢的味道时，抑或我们感到身体劳累、疲倦时，瞳孔就会缩小。可见，瞳孔与心理活动是息息相关的，它的变化时刻都在展示着我们的情感波动。

总之，如果别人也了解到这些信息，就会在日常交往中利用我们瞳孔的变化规律来测定我们对某种事物的兴趣、爱好、动机以及对异性的爱慕与否等心理变化。瞳孔的放大或缩小完全是无意识的，也是难以掩饰的，因而会透露出我们内心的秘密，使我们的内心活动通过瞳孔的变化被对方尽收眼底。

8. 视线，最能体现内心深处的东西

视线，不仅仅是目光的聚焦点所在，它的变化还可以体现很多内心深处的东西。如果内心有什么欲望或情感，必然会表露于视线上。因此，当别人想要读懂我们的内心时，也会细心留意我们的视线变化。

在商务谈判的场合，视线常常会发挥很大的作用。如果想要表达一种严肃、认真、有诚意的态度，我们可以以对方的双眼为底线，以额头中心为顶角，形成一个视线的三角区域。如果你的视线集中在对方的这个区域，那么你就可以很好地把握住谈话的主动权和控制权。

在与人交流过程中，也可以将你的注视范围集中在以两眼为上线、唇部为下顶点而形成的面部倒三角区域中。尤其当你和别人进行普通的谈话交流时，注视着对方的这个区域，可以给人一种轻松而平等的感觉，同时也能让对方感觉到你的尊重，从而创造出一种很好的社交氛围。在一些茶话会、舞会或者各种朋友聚会等场合中，采用这种注视方式比较合适。

除了要注意视线的注视范围外，我们还要注意注视的角度和方法。如果我们的视线死死地盯住一个人，尤其是盯住对方的眼睛，不论你是有意还是无意，都会给对方一种不够礼貌的感觉，令对方感到不舒服，甚至会有一种受到侮辱和挑衅的感觉。所以，如果不是在必要的场合，最好不要使用这种视线。

另外，眯视对方所传递的也是一种不太友好的信息，会给对方一种傲慢或漠然的感觉。在西方，如果对异性眯起一只眼睛并眨动两下眼皮，会被认为是一种特殊的调情。对于女性来说，这就是一种无形的骚扰。所以，这种

视线最好也不要随便采用。

有时，我们在与对方视线接触时，如果刻意回避或将视线移动得较快，这会给人一种不够专心或心虚的感觉，从而难以得到对方的重视和信任，甚至会影响你们将要进行的话题或活动。

当你在与人交谈时，如果视线飘忽不定或刻意表现出来回移动、搜索的现象，就会反映出你犹豫不决、举棋不定的心理。如果是在商务谈判中，你的这种视线所传递出来的心理，可能很快就被对方捕捉到，对方可能会很快采取应对措施，夺得谈判的主动权。

遇到不相识的人，在我们与对方的视线偶尔相交时，可能会立刻移开。因为我们觉得被别人看久了，会被对方看穿内心或被侵犯隐私权。当我们在等公共汽车，或站在影剧院售票口排队买票时，多为背向后面的人，这样做不仅是为了往前进，也是为了避免同不相识的人视线相交。但也有我们乐于面对面的人，比如朋友、亲人等。对于这些人，我们会彼此默许自己的隐私权受到某种程度的侵犯，因此偶尔会视线相交，便于交谈，或进行心灵沟通。

9. 睁眼闭眼间，你已经暴露了自己的心事

眼睛与脸部的其他部位不同，它周围的肌肉更为发达精巧。这样的特性既能保护眼睛不受伤害，又可以使眼部本能的动作反射性更强，从而能最直观地反映人的内心活动。

比如，当危险物品袭来时，眼睛周围的肌肉就会反射性地让眼睑立即合上；当强光射来时，眼球内部的瞳孔会立即收缩，以避免眼睛受到刺激。正是因为眼睛具有这样本能的反应，也就不可避免地成为脸上最诚实的部位之一。一些源自内心的情绪，冲突、烦恼、愉悦等总会不自觉地通过眼睛的动作流露出来。

在眼睛的各种动作当中，睁眼和闭眼是最频繁的了。你可能不知道，睁眼和闭眼这最自然不过的动作，有时也会让你暴露出心事。行为学家亚宾·高曼就曾认为：对异性瞄上一眼之后，马上闭上眼睛，其实就是一种“我相信你，不怕你”的体态语言，从而流露出了此刻自己的内心活动。而且，当看到异性时，并不是把视线移开，而是闭上眼后，再翻眼望一望，如此反复，表达的就是一种尊敬与信赖。尤其当女性这样看男性的时候，甚至可以认为两人很快就有交往的可能了。

我们先来说说闭眼这个动作吧。从生理意义上看，闭眼代表着睡眠、休息，是生命不可或缺的一部分。同时，闭眼还具有防卫的意义，即遇到危险时，眼睛就会不由自主地闭起来，以保护眼球不受到伤害。可见，闭眼这个动作其实就表达了一种我们想要保护自己的心理。正是眼睛的这种趋利避害保护自己的动作，展示了我们复杂多变的内心活动。

通常当我们感觉受到胁迫时，或碰到自己不喜欢的人或物时，就会主动闭上眼睛，通过阻断视线，避免看到自己不想看到的东西。有时，我们想表示轻蔑、不喜欢对方、生气或听到不喜欢的声音时，也可能会眯起眼睛、闭上眼睛或者遮住眼睛，这时在外人看来，我们此时要么是心不在焉，要么是在怀疑对方，要么是在表达不满。

同闭眼相反，睁眼则意味着一种积极的心理态度。因为喜欢眼前的人或物，就会把眼睛睁得大大的，最大限度地吸收光亮，从而获取更多的外在信息。我们都有过这样的感受，当看到喜欢的事物或遇到久违的朋友时，都会竭力睁大眼睛，表示内心的欢喜。小宝宝的表现最能说明这一点。当小宝宝看到自己的妈妈或者喜欢的玩具时，就会在瞬间睁大双眼，传递出一种积极的心理信号。

另外，睁眼还说明我们正在观察一个令自己舒适的人或物。为什么罗曼蒂克的相遇总是发生在灯光朦胧的地方呢？瞳孔扩张就是答案。因为在微暗的光线中，人的瞳孔会不由自主地扩张，从而让相遇的两个人互相产生吸引力，成就罗曼蒂克的爱情。

但也有例外的情况，就是当我们突然遇到一些让人吃惊、害怕的事情时，我们也会睁大双眼，表示我们内心的惊恐和不安。

10. 凝视也是一种内心活动的展露

凝视也是一种内心活动的展露。首先，通常来说，当我们不乐意将内心的想法告诉给对方时，多半就会凝视对方，而多数情况下对方也能从你的凝视中读懂你的意思。其次，就是我们打算向对方倾诉心事时，也会凝视对方许久，以便调整心情，准备诉说。另外，如果你是一位女士的话，当你对某位男士有好感时，你可能也会在某些时候用热辣辣的目光凝视着对方，眼神中流露出你嘴巴里没有明确说出来的对对方的好感。

长时间的凝视，不是表达爱，就是表示恨，而且恨的程度与相互凝视的时间又成正比。也就是说，凝视的时间越长，仇恨的程度就越深。比如，当你与别人争辩甚至吵架时，往往就会不自觉地与对方怒目而视，死盯着对方，而对方也会从你眼中看到愤怒和仇视。这种凝视往往表明要求对它有所反应，如果没有出现适当的反应，就会导致气氛更加紧张，被凝视的人就会产生逃离的想法，所以这是很不礼貌的一种行为。凝视也是表达爱意的一种方式，而且彼此爱的深度与相互凝视的时间也成正比。凝视的时间越长，所要表露的爱意也越深沉。这样的目光，可以制造出一种提高亲密程度的力量。无论是在电影还是在电视剧中，我们都可以轻易地发现：恋爱中的男女不仅用语言，更会用微妙的眼神相互配合去表达情感，而凝视就是其中的一种表达方法。比如，女人有时会用语言去表达自己的爱意，而男人不仅仅听到了这些语言，还从女人凝视自己的目光中体会她的真实想法：她是在说真话吗？她到底有多爱我？德国著名心理学家梅赛因说：眼睛才是了解一个人最好的工具。此言不假。一对男女一旦彼此成为恋人或是夫妻，即使短暂的目光凝视，也能给予对方很大的精神满足感。

有时，长时间的凝视还是一种对“隐私”的侵害。因为不管有意或者无意，将视线集中于某处都是作为一个人企图扩大其势力范围的表现。当你在与别人单独交谈时，你的视线朝向对方脸部的时间，应该占谈话时间的30%～60%。在交谈过程中，如果凝视的时间超过了这个范围，你几乎是在连续注视着对方说话，那么你给对方的感觉就是：你对他本人要比他说话的内容更有兴趣，而且可能整个过程中你连一个字也没听进去。

相反，如果你凝视对方脸部的时间少于整个谈话过程的30%，即在交谈时几乎不看对方的脸，对方就会认为你在试图掩饰什么，你是不敢正视对方。另外，当你就某些事对某人有所隐瞒时，你在与对方交流时也会不知不觉地凝视对方，而且目光久久都无法移开。这时，你所传达出去的信息其实是你有难言之隐，或在刻意回避对方的话题，不太希望对方知道。

11. 眼皮也是泄露内心秘密的通道

对于最能传情达意的眼睛来说，眼皮的作用就显得微不足道了。然而，眼皮虽然是很小的一部分，但它的一些变化也同样能够反映我们的某些心理活动，从而成为别人洞悉我们内心的另一个通道。

那么，眼皮能传达出哪些信息呢?

从进化论的角度来说，上眼皮皮下脂肪较丰厚的单眼皮，要比上眼皮皮下脂肪单薄的双眼皮进化程度更高。

眼皮主要担负着保护眼睛的作用，而单眼皮是为了更有效地发挥这一作用而进化来的。眼皮不仅具有这样的生理功能，它还可以体现一个人的性格特征。

科学研究表明，单眼皮的人个性比较冷静沉着，逻辑思维强，观察力和集中能力比较优秀，意志坚强，做事细心、谨慎，感情的表达方式含蓄内敛。即使眼前站的就是平日自己欣赏或喜欢的人，也会尽可能保持镇定，不露痕迹。虽然为人积极，但其表现却让人感到冷漠而热情不足。而且，单眼皮的人通常耐力较强，比较能够承受压力，因此能够成为组织的管理人才。

而双眼皮的人直觉性强，热情爽朗，顺应性和协调能力较强，行动积极，感情丰富，对别人一些贴心的举动，尤其是来自异性的，就非常容易受感动，因而往往抵抗不了异性的诱惑。

还有一些人是内双眼皮，这类人通常感性与理性平衡，既不会过度热情，也不会过度冷漠。这样的人善解人意，能适时表达情感，不会扭扭捏捏，也不会过于大胆热情，所以比较不会发生“表错情”或“会错意”的情形。

而下眼皮，则可以反映一个人的精神状态和健康状况，比如是否过度疲劳、是否患有疾病等。将拥有充足睡眠的人与缺乏睡眠的人进行一下比较，就可以发现：睡眠不足的人下眼睑周围呈现黑色，并有黑眼窝。过度疲劳、病魔缠身、心情抑郁等，都会引起这一症状。当然，一般来说，下眼皮周围也会随着年龄的增长而相应地出现皱纹、眼袋等。

一些电视上的主持人、有涵养的贵夫人、大家闺秀以及一些被称为“装饰橱窗”的浓妆艳抹的女士，我们可能很难从他们的脸上窥视到有关性格心理等方面的信息，因为他们都将脸部用化妆品掩饰起来了。但是，他们的眼皮却不能完全被掩饰，因此他们的眼皮也会在不经意间泄露出其内心的秘密。

由此可见，在社交生活中，小小眼皮的作用也不可小觑。俗话说：“欲察神气，先观目睛。”在人际交往中，为了能让自己立于不败之地，除了对别人以诚相待外，还要多留意自己的种种小细节，甚至连眼皮的情况都不能随便忽视，否则它就可能泄露我们本想掩饰的秘密。唯有多做准备，才能让自己在社会交际中占据主动地位。

第三章

会说话的脸，泄露出你的真实情感

在社会交际过程中，人们往往最先注意到的是对方的面部轮廓和动作，因为这其中含有的信息有助于识人。所以，即便很多时候我们没有说出内心的真实想法，但“相由心生”，一些面部特征或不经意间流露出来的面部表情，也可能会出卖我们，使我们的内心活动和真实想法在不知不觉中暴露给他人。

1. 眉毛的变化，与你的内心活动息息相关

相由心生，脸是会说话的。

眉毛是眼睛的守护神，也是传情达意的一个窗口。成语“眉飞色舞”，说的就是一个人内心活动的外在表现，充分说明了眉毛在肢体语言表达上的重要作用。古代相士在观察人的面相时，首先说到的就是“印堂”(双眉中间的位置)，可见眉毛的作用不可小觑。

人的一颦一笑都会带动着眉毛的变化，这些让我们的情感在不经意间流露出来。而且，眉毛的变化非常丰富，心理学家指出，眉毛可有 20 多种动态，也分别体现着我们不同的内心活动。因此在与人交往时，如果不想让别人看透你的“秘密”，最好能注意眉毛的变化，别让眉毛不经意间的动作出卖了你。

通常来说，当你对某件事表示不理解或者心中存有较大疑问时，你可能会在不经意间使单眉上扬。这时，你给别人透露的信息，就是你对这件事感到不理解、怀疑。而你扬起的那条眉毛，就是在向对方提出疑问。

人高兴的时候，通常都会“眉飞色舞”。具体表现是，有时双眉上扬，有时双眉还会迅速地上下活动，这时你展现给别人的情绪就是心情愉快，或表示赞同、亲密、欢迎。一般来说，这种动作都是比较受人欢迎的。

而皱眉则代表着很多种不同的心情，比如惊奇、错愕、诧异、否定、傲慢、希望、疑惑、愤怒和恐惧，等等。

皱眉的情形包括防护性和侵略性两种。什么是防护性的皱眉呢？就是保护眼睛免受外来的伤害。但是，光皱眉还不行，还需将眼睛下面的面颊往上挤，

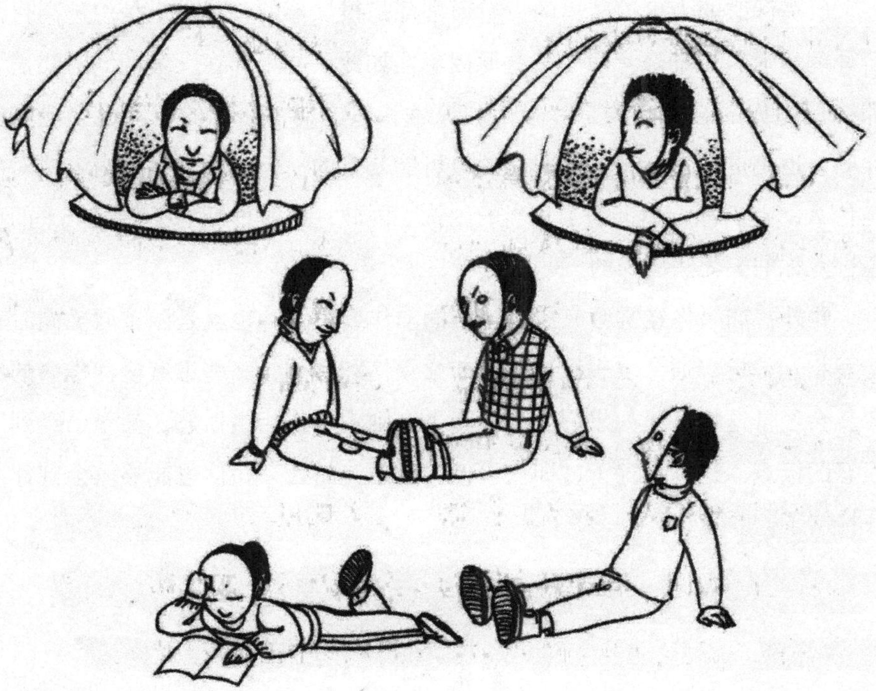

相由心生，一张
会说话的脸

眼睛仍睁开，并注意着外界的动静。而当我们面临外界攻击、突遇强光照射、强烈情绪波动时，就会出现这种典型的退避反应。至于侵略性的皱眉，其基点仍是出于防御，是担心自己侵略性的情绪会激起对方的反击，与自我防卫有关。而真正展示你的侵略性的眼光，应该是瞪眼直视、毫不皱眉的，这种表情展现出来的情绪，通常会被别人认为是厌烦、反感、不同意，等等。

眉头深皱的人，流露出的情绪通常都是很忧郁的，基本上是想逃离目前所处的境遇，但却经常由于某些原因不能如此。如果你在大笑的同时皱眉，那么说明你的心中其实是有轻微的惊恐和焦虑的，而你的眉毛也会泄露出你明显退缩的信息。虽然此时你的笑可能是真的，但无论你笑的内容或对象是什么，它们都给你带来了相当的困扰。因此，此时你的眉毛传递出去的信息，是你的笑无法掩饰的。

此外，如果你经常会有眉毛打结的动作或表情，也就是两条眉毛同时上扬及相互趋近，通常也表示你感到非常烦恼和忧愁，一些患有慢性疼痛的患者就会经常这样。而如果眉毛全部降下，则表示你相当愤怒，甚至已经到了愤怒的极点。这种情况下，即使再傻、再愚钝的人，相信也能够体会到你的坏情绪了。

2. 鼻子也能透露你的秘密

鼻子也能透露你的秘密。

在相互交流时，一个人的心理活动往往会从鼻子的变化当中体现出来。不相信吗？鼻子也会泄露你的秘密的！

鼻子所体现出来的信息，通常是由鼻孔的变化表现出来的。一般来说，人在愤怒或恐惧时，鼻孔都会张大。因为人处于兴奋或紧张的状态时，呼吸和心跳都会加速，所以也会相应地出现鼻孔扩大的现象。可见，小小的鼻孔除了能帮助我们呼吸外，还担负着传达主人内心秘密的任务。

当然，鼻孔扩大也不完全都表示内心紧张、兴奋或恐惧，也可能只是一种自然反应，比如我们在爬山或搬动重物需要用力时，鼻孔也会随之扩大。

除了以上两点外，鼻孔还会给别人传递出“轻视”“不屑”等信息，成语“嗤之以鼻”就是这个意思。

因此，当你听到别人说一些不着边际或吹牛皮的大话时，即使你努力不表现出轻蔑，但你的鼻子也可能会出卖你哦！因为鼻子可能会通过鼻孔出气吭声来展示你内心的蔑视和嘲讽。这一点在与人交往时需要引起你的注意，如果你不想让对方看透你的内心，最好学会掩饰一下你的鼻子。

不仅鼻孔会向外人展示你的内心世界，鼻头也有这种“本事”。不知道你有没有鼻头冒汗的毛病，如果没有的话，那么一旦你在某些场合鼻头冒出汗珠，即使你想掩饰此刻自己的心情，你的鼻头也出卖了你，因为此时你传递给对方的信息是，你的内心感到焦虑、紧张、为难或者害怕。

如果此时正在谈判或谈生意，对方因此而看透了你的内心，并趁机向你

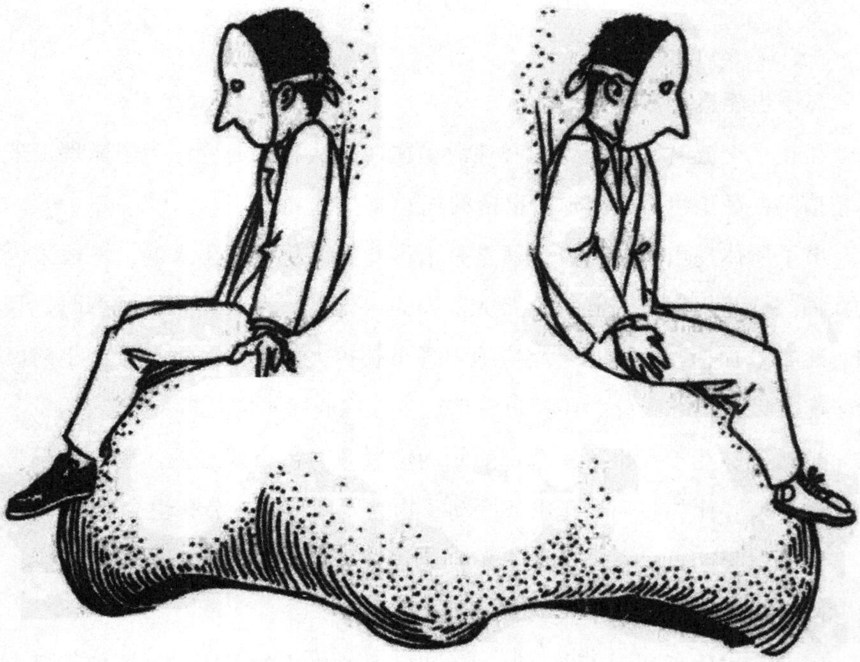

鼻子也能透露你的秘密

发难，那么这桩交易很可能会对你不利。可见，与人交往、谈判或谈生意时，稳定自己的情绪是相当有必要的。

另外，有些人有摸鼻子的习惯。虽然这只是一个非常不易引人注意的小动作，但从心理层面上来说，却是一个非常有意义的动作，因为它会向别人传达出很多你内心的想法。

比如，有人请你帮忙，而你感到为难，但直接拒绝又觉得驳对方的面子。此时，你就可能会一边答应着，一边摸鼻子；或者在犹豫着没答应，手也在摸鼻子。这时，你传递出去的信息其实就是拒绝。虽然摸鼻子不是你刻意做出来的动作，但若对方能看懂你的这个动作，那么他也能明白你的态度了。

在遇到难题时，人往往也会不自觉地摸鼻子，这表示你或在犹豫，或感到困惑，或正在绞尽脑汁地想办法。如果我们故意去问一个孩子一些他不懂的问题，他大多数时候都会做出这种用食指摸鼻子的动作。因此在谈判时，如果你下意识地表现出这个动作，对方就可能因此而摸清你的“底细”，并进一步要求你尽快与之达成协议。所以，如果你不想就此被对方看穿的话，最好能克制一下这个动作。

由此可见，如果你不想让别人轻易地看透自己的内心，就要时刻注意自己的这些小动作，以免在不知不觉间就被自己“出卖”了。

3. 嘴部动作，让别人看透你的心

人的嘴巴是重要的五官之一。嘴巴能为我们做很多事，吃东西时，我们需要用嘴巴咀嚼；交流时，我们需要用嘴巴说话。嘴巴长时间地运动，使得嘴部肌肉变得异常发达，嘴部的动作也成了被人看穿内心的突破口。因此，关注自己或他人的微表情，绝对不能忽略了嘴部。

不知你有没有这样的习惯动作：说话时用手遮住嘴巴，或将嘴巴凑到对方的耳边去。用手遮住嘴巴的动作分成几种，比如将整个手掌都贴近鼻子来遮住嘴；或用微微分开的手指遮住嘴；或将双肘都撑在桌面上，用重叠的双手遮住嘴。然而，不管哪种姿势，这种身体语言都在展示着你的内心活动，即你对他人存在一定的警戒心理，因此才采取了这种不愿被他人识破自己本意的防御姿态。还有打电话时，如果你也习惯用手捂着话筒说话，那么这个动作也表露了你的这一心理特征。

达尔文曾说："以手掩嘴是一种吃惊的姿势。有时一个人对他所说出的话感到抱歉或吃惊时，就会这么做。这动作好像是希望能制止我们所说的话，虽然这话已脱口而出了。"一些执法人员也认为，说出话后突然以手掩口，暴露出的是一种由自我怀疑到完全说谎的情绪。所以，当执法人员在审讯嫌疑犯时，就会特别注意这一动作。

美国联邦调查局的一个工作人员称，由于工作的严格保密性，他在公共场合和同事谈话时经常要做以手掩嘴的姿势，以防别人偷听。结果习惯成自然，回家后在与父母说话时，他也经常用手掩住嘴，他的父母便说："儿子，你用不着提防我们，不必捂着嘴说话。"在父母的监督下，他的这一习惯才逐渐改掉。

另外，抿嘴和嘟嘴这样简单的面部动作，也会体现出你的内心活动。

在做抿嘴这个动作时，上下嘴唇都需要施加压力，使嘴巴闭合得更紧，意图阻碍任何东西进入体内。事实上，此时你应该会有一种比较消极的情绪反应，比如你可能遇到了麻烦，或有什么烦心事。根据这个动作，别人便可以断定你遇到的问题并不大或是隐性的，并可能是长期存在的。

如果你的嘴唇已经变得僵硬甚至歪斜的话，此时别人会从你的嘴部表情断定你的内心应该是相当焦虑不安的，认为你可能遇到了较大的麻烦，或正身处困境之中。如果事态进一步发展，那么你可能很快就会出现哭丧的脸孔了。

通常来说，嘟嘴的动作会出现在孩子的脸上。小孩子在不如意时，就会嘟起他们的小嘴，甚至很快就会发出哭声。我们成年人一般不会轻易地嘟起自己的嘴巴。但是，有时我们还是会在不经意间快速地、幅度不大地嘟嘴。为什么呢？因为稍微嘟嘴是我们想要说话的前兆。可以回想一下，我们是怎样看出一个人欲言又止的呢？恰恰就是看到他嘟起的嘴巴。

此外，谈判时我们也容易出现缩拢嘴巴、将嘴巴嘟起的动作，这时这一动作表示的是我们反对或不赞同他人的意见，想要发表自己的观点。因此，如果你不想反对别人的意见，就要适当注意自己的嘴部动作了，别出现这样的动作，被别人误解。

4. 咬嘴唇时，你在想什么

咬嘴唇时，你在想什么？

最不容易引起人注意的咬嘴唇的动作，其实是一种含意非常丰富的肢体语言。在不同的场合，这个小小的动作也会传达我们不同的心理活动。

我们可能都有过这样的经历：当内心感到紧张时，比如在众人面前发言时，就会出现咬嘴唇的动作。之所以如此，可能与我们在紧张时的生理反应有关。在紧张时，人的心跳就会加快，血液流动也会加快，流经嘴唇的血液也会相应增多，从而导致嘴唇出现一种轻微的肿胀感或微痒感，这种热乎乎的感觉就会令我们下意识地去接触它。而接触嘴唇最简单又最隐蔽的方法，就是上齿轻咬下嘴唇。

当内心感到焦虑时，我们也容易做出咬嘴唇的动作。在 2001 年美国的九一一事件发生后，获悉该消息的总统布什就下意识地咬住了嘴唇。后来在许多场合，只要涉及该事件，布什总统都会下意识地做出这个动作。而在其他一些场合，当局势令他感到有压力时，他也会用这个小小的动作来掩饰自己的焦虑。

感到恼怒时，我们有时也会出现咬嘴唇的动作。尤其是在一些商务谈判的场合，当谈判进行得对我方不利时，我们多会做出鼻子轻皱、轻咬嘴唇的动作。如果恰好对方是个深谙心理学的人，那么你的这个小动作所暴露出来的心理就会被对方看透。另外，当我们被人误解和侮辱时，我们也会很自然地咬住嘴唇，这表示我们内心很不满，但又希望能够控制自己的情绪。也就是说，此时的我们正处于隐忍状态，情绪很可能马上就会爆发。

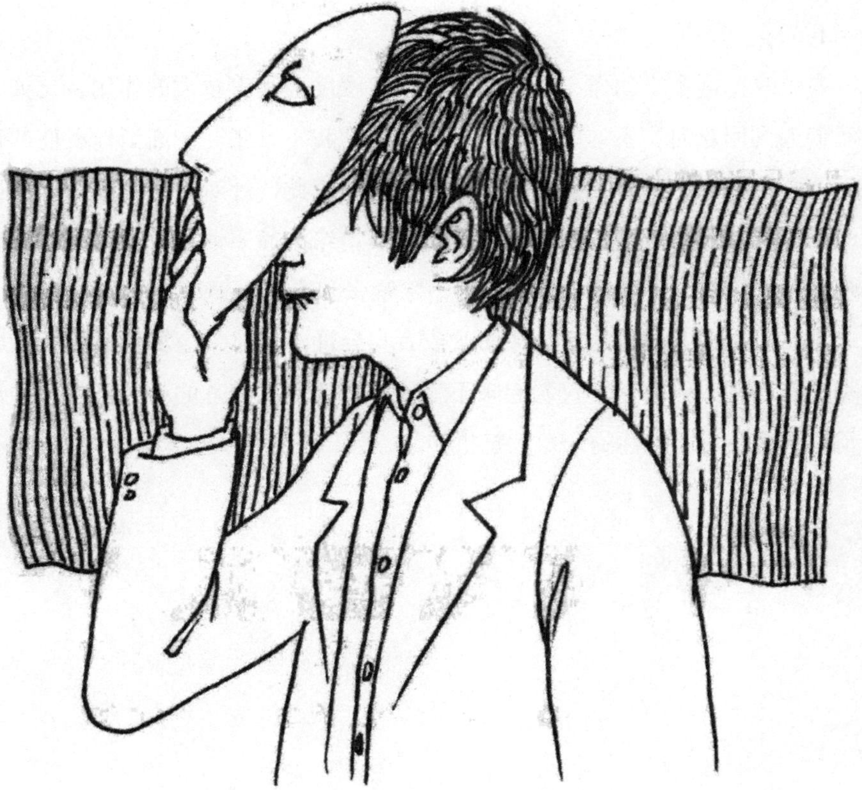

咬嘴唇时，你
在想什么

除了咬嘴唇外，有时我们在内心紧张、恐惧，或者不安时，还会下意识地做出咬笔杆、咬指甲等动作。这种动作也可以看作是咬嘴唇的变体，有相似含意，即希望通过这一动作获得一定的心理安慰。

总而言之，咬嘴唇这个动作在通常情况下都会流露出我们内心的一种消极情绪，或对现状的不满，或感到焦虑、不安等，这在人际交往过程中显然是不利的。

要想改掉这个小动作，心理暗示在一定程度上起着较大的作用。比如，当我们遇到困难时，不妨一遍遍地告诉自己“我不紧张”，渐渐地我们的情绪就会平稳下来，同时紧张感也会得到缓解。因此，针对自己咬嘴唇动作出现时的心理状态，可以设计一种有助于缓解情绪的简短话语，一旦这种心理出现，我们就在心里默念，从而渐渐消除紧张和不安。

需要提醒大家注意的是，在面试或者与异性约会时，应尽量避免咬嘴唇这类动作出现，因为它不仅看起来不够雅观，还多半传达的是内心的一种消极情绪，会令对方对你的印象大打折扣。

5. 舌头的动作也会“出卖你”

人们通常不会轻易地暴露自己的舌头，所以舌头的动作能给外人提供的信息很少。但是，这并不意味着舌头的动作就不值得重视。因为舌头是可以露在外面的，故而也成了身体语言的媒介，可以传递出各种信息。

通常来说，如果你习惯于用舌头舔嘴唇，说明你此时的压力比较大，时常感到口干舌燥。用舌头舔一舔嘴唇，可以让嘴唇滋润一下，实现自我安慰。用舌头反复摩擦嘴唇展示的内心需要也是一样的。

如果伸出舌头，说明你此刻备感尴尬，希望借伸舌头的小动作缓解一下气氛。相信别人看到你这个可爱的表情后，也会谅解你的无心之过。有时，伸舌头这个动作还可能说明此时你正专注于某件事情，著名球星乔丹在球场上就会经常出现这样的小动作。

通常来说，小孩子吐舌头是一种顽皮的行为。但这个动作如果发生在成年人身上，在外人看来，就可能是你刚刚侥幸逃过一劫，或是被人发现你正在做某件事时略感尴尬的表现。常常好奇心很重的人容易做出这个小动作，比如当你正偷看别人的邮件时，邮件的主人突然回来了，你赶紧关掉邮件。此时你极有可能在转身的瞬间拍着自己的胸脯，吐出自己的舌头。这个下意识的动作，在外人看来也是在进行一种隐性的沟通，说明终于完事，可以做一个了结了，吐吐舌头松一口气。在舌头的动作里，更值得讨论的，是舌头会表达出你“拒绝”的各种动作。

比如，当你突然受到巨大的惊吓时，除了目瞪口呆、双手平举、掌心向上外，还可能会把舌头长长地伸出来。这些动作，就是夸大的“拒绝”动作，这就像婴儿用舌头顶开他不要的食物一样，是一种拒绝方式，只是这种拒绝的程度更大了一些。

这种动作是自己被惊吓时的身体语言，因此，当你想要侵犯别人时，就会“己所不欲而施于人”，用这种动作来侵犯别人。这就是“侵犯地吐舌头”，也就是所谓的“吐舌头，扮鬼脸”。这种动作的目的在于吓人，但它的根本目的仍是“拒绝”，甚至还有可能转化成“轻蔑”。

通常来说，如果你遭遇某种小惊吓、小尴尬时，就会不经意地有吐舌头这个动作，但这种吐舌头的动作不会太久，吐一下就会很快地缩回来。这种形式的吐舌头，在幼儿园孩子身上非常容易看到。这样吐舌头，所表达的就是程度最轻微的拒绝。由于这种动作并没有侵犯性，而且多发生在幼童身上，所以尽管幼儿园教师会在孩子伸舌头后加以制止，但这种动作还是存续了下来，成为一种“扮可爱”的表现，用来表示不是那么严重的小紧张、小惊吓、小尴尬等感受。

吐舌头除了表示拒绝、惊讶、尴尬、扮鬼脸、扮可爱外，还可能表达一种心理，那就是“侥幸逃过一劫”。

所以，一旦你有上述动作行为，在平时与人交往时要注意，如果你不打算被人识破，就不要轻易让舌头“出卖”你的内心想法。

6. 牙齿也能体现你的教养

不知道你注意到没有，美元上的华盛顿看起来似乎有一口整齐而健康的牙齿，而事实却并非如此。据记载，华盛顿患有牙周病，很早牙齿就掉光了，满口镶的都是假牙。而且由于当时假牙的制作技术很差，他只要张口一笑，假牙随时都可能掉下来，所以，华盛顿的其他肖像都很少是展露笑脸的图片。唯独拍摄美元上的肖像时，摄像师让华盛顿先取下假牙，然后再在他的口腔内暂时填上棉花．才勉强拍出了一张面容最为自然的照片。

现代人更加重视牙齿的作用了，不仅仅因为牙齿的健康关乎身体的健康，更是因为有一口漂亮洁白的牙齿可以给人留下很好的印象，所以人们也更加注重洁牙护牙。不过，从牙齿上别人通常还是能够轻易地看出我们的年龄和性格。虽然我们大多数时候对自己的年龄都守口如瓶，但只要别人足够细心，依然可以通过观察我们的门牙猜出我们的年龄。

门牙上下各有 4 颗。儿童满 7 岁时，门牙便可长齐，外形有点像锯齿。等长到 16 岁或 18 岁时，牙齿上部尖尖的锯齿状才会被磨平。因此在别人看来，如果我们的门牙还是尖尖的，那么对方会认为我们肯定还很年轻。相反，如果在别人面前暴露出很多牙齿问题，比如牙齿脱落、牙龈出血、吃饭塞牙等，对方即使不看我们的容貌，也可以判断我们的年龄大了。

很少有人能够平静地正视自己的衰老，但华盛顿却做到了。要全面地认识和了解华盛顿，就需要联系到他只剩下两颗牙齿的事实，因为他的行为也许与这两颗牙齿是密切相关的。华盛顿知道，牙齿的脱落是身体衰老的明证，一个只有两颗牙齿的人，可能真的不足以支撑一个新生的百废待兴的国家。因而，华盛顿主动放弃权力，回到家乡平静地度过了晚年，开创了总统任期不超过两届的惯例，也杜绝了后继者对权势与地位的贪恋。这一做法，除了说明华盛顿具有纯真、诚实的品格之外，也说明了他对其他健康生命的尊重。

由此可见，牙齿不仅能泄露一个人的年龄，也能体现出一个人的性格特征。尽管你对此难以想象，但事实的确如此。

一般说来，如果你的牙齿洁白、整齐而坚固，而且又与脸形比较相衬，那么你给别人的印象就会是性格爽朗、乐观、热情，富有活力；倘若你的牙齿不够整齐，那么一定有人告诉过你，你是个情绪比较容易波动的人；而生有龅牙的人，大多会给人心直口快、做事比较马虎的感觉；门牙较大的，则会给人一种外向、热情、好动的感觉。

另外，牙齿的清洁度也在一定程度上体现了你的受教养程度。通常，牙齿上残留的饭粒菜渣，或者满口黄牙，可能要比你穿一件脏衣服更会给人一种缺乏教养的感觉。

7. 下巴的动作，是你心理情绪的展现

从生理学和解剖学上来讲，下巴仅仅是一个能够担任发声和咀嚼功能的器官。但心理学家称，一个人的下巴动作也能展现出他的情绪。比如，当你在压力比较大时，会习惯性地做伸长下巴的动作。从肢体语言的角度来看，突出下巴的动作属于攻击性的行为，可被人视为“扑上去狠揍他一顿”的情绪。

不过，这种情况在西方人中比较多见。而东方人恰好相反，愤怒时通常习惯缩回下巴。

这主要是由东西方的环境和文化差异所致，东方人往往藏而不露，以寻找机会攻其不备。不过，西方却恰好有这样一句谚语：“缩起下巴的人最阴险。”由此可见，如果在你因为愤怒而缩起下巴时，其实你的心理活动是非常复杂的。

日常生活中，如果你习惯做出下巴突出程度较大的动作，说明你的自我主张程度也较高。比如，如果你习惯尽力伸长和抬高自己的下巴，在别人看来，你会认为对方比自己低一等，你认为自己很明显地站在优势地位上，而且你认为自己的主张是没人能反对的。

如果你平时走路时就喜欢趾高气扬，高视阔步，那么在别人看来你就是一个自信满满和傲慢的人，因此走路时下巴才会抬得高高的。

与抬高下巴的动作相反，缩紧下巴的动作则会展现出你的顺从心态。它表示你不仅不敢对抗对方，而且还在有意地缩小自己的势力范围，甘愿接受别人的意见，展现出你服从的心理。

能表现出心理情绪的下巴动作，除了下巴本身的动作之外，还包括与手配合起来的动作，也就是手部接触下巴所展现出来的肢体语言，比如用手抚弄下巴，或者手掌托住下巴等动作。不知道你自己有没有发现，当你在陷入思考时，往往会无意识地用手托住下巴或抚弄下巴。当别人看到你的这个动作时，也许就不会打扰你，因为他们明白你正在思考问题。当你用拇指托住下巴，这时，你传达给别人的信息就是，你思想严谨，而且具有强烈的批判态度，或者你想用截然相反的意见去说服对方。

除此之外，无意中抚弄下巴的动作，也会展示你的内心。从肢体语言学的观点来说，这个动作展现的是一种自我亲密性。通常来说，当一个人在丧失自信、孤独、不安，或者遇到话不投机的尴尬场面时，就会借接触自己的身体来掩饰自己的尴尬心态，或者安慰、调节自己的情绪。

如果你是一位女性，经常在不经意间做出这种托着下巴或抚弄下巴的动作，那么在别人看来，这可能是你感到孤独，以此来获得一定的安全感的表现。

可见，下巴表现出来的简单而不经意的小动作，也会为别人展现出你的内心世界。

8. 耳朵的“语言”也会泄露你的秘密

耳朵“语言”，也会泄露你的秘密。

或许你会说，耳朵既不会有什么明显的动作，也不会说话，怎么会泄露秘密呢？

的确，耳朵是我们面部五官中最不起眼的，不过，耳朵在五官中除了承担听觉的重任之外，还起着美观的作用，更重要的是，这还涉及一个人的健康、天赋、个性等诸多方面的信息。

耳朵虽然没有明显的动作和语言，但是，耳朵的形态、大小、位置等因素，也同样能够传递给人们很多信息。

即使是一个陌生人，也可能在初次见面时通过你的耳朵了解到你的性格特征和内心世界。

当然，这可能是你无法隐藏和掩饰的。但是，你也可以通过耳朵的这一作用来了解自己，或者预知自己的健康信息，甚至可以通过耳朵来了解别人。

大多数人的耳朵形状都是标准型的，如果你具有这种标准型的耳朵，那么就会给别人一种非常安全、可靠的感觉，让别人觉得你是个大气、不拘小节的人，对于别人的求助你也会毫不犹豫地热心帮忙。一般拥有这种耳型的人，具有明确的生活态度，会让很多人喜欢与之交往。

如果你的耳朵属于耳下型，那么你应该是个个性爽朗、不拘小节的人。但是，别人在刚刚接触你时，可能会感觉你不够亲切，不容易相处。事实上，这是他们对你的偏见，你内在性格稳重，实践能力强，通常都是社会或

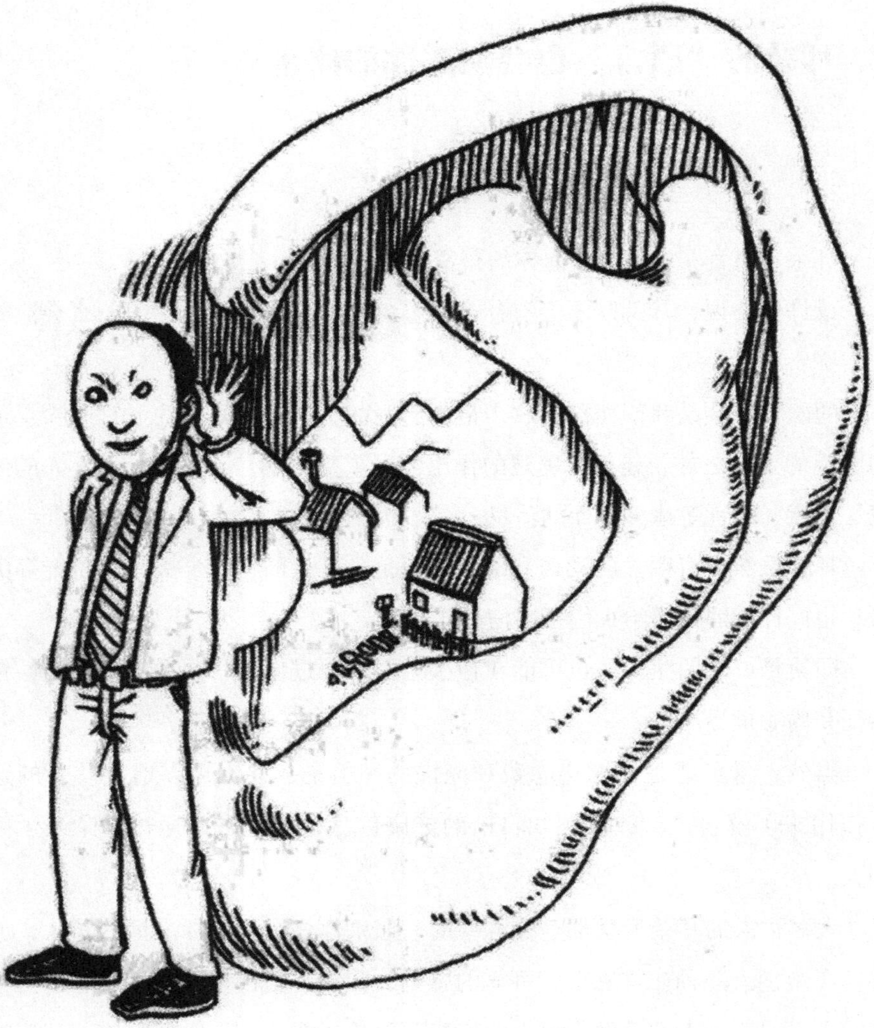

耳朵“语言”，也会泄露你的秘密

公司的精英分子。

相反，如果你的耳朵属于耳上型，那你可能就是个性格内向、不善表达的人，甚至有些神经质。在别人看来，你可能真的是个比较难相处的人。不过，如果能遇到情投意合的人，你也能与对方很快成为朋友。

如果你的耳朵属于小耳型，那么你给人的感觉就是过于敏感，难以相处，容易为一些小事烦恼，比较悲观。不过，因为你比较谨慎、细致，所以你在工作方面经常能做得尽善尽美，尤其是总能在细微之处做得完美。在与你相处时，通常别人会感到累，有时甚至要非常小心，因为你容易误解他们。如果你能放宽心胸，乐观一些，你的道路会更宽广。

如果你的耳朵属于大耳型，那么你给人的印象就会是精力旺盛，具有很强的耐力，即使遇到较大的困难，也不会轻易放弃。你所展示出来的也往往是积极主动、乐观向上，具有充沛的活力。不过，你的个性特征也可能会引来别人的嫉妒，因而会有潜在的对手。他们可能成为你事业成功的障碍，所以，你也需要经常自我反省，自我改进。

总而言之，耳朵虽然不像脸部其他器官那样，能够明显地展露出一个人的个性特征，但也不可忽视。在与人交往时，这些难以掩饰的特征也会成为别人了解你内心的窗口。当然，这也同样可以成为你了解别人内心的一面镜子。

9. 透过胡须，你的内心更容易被看穿

胡须是男性特有的标志。在古代，如果一名男性没有很好的胡须，就可能被认为缺乏男子气概。所谓“男儿无须不美”，古人称呼男子叫须眉汉，并视胡须为男子壮美形象的标志。三国时期的关羽，人称“美髯公”，诸葛亮称赞他是“犹未及髯之绝伦逸群也”。这个“髯”就是溢美之词，说关羽是真正的男子汉。

而现在很多人则认为，男性蓄须不仅仅是为了美观，还代表着他不愿被人看透内心，希望借用胡须来掩饰自己，使自己变得比以往更加神秘。

事实果真如此吗？男性蓄须真能让人无法看清内心吗？

如果我们留心观察一下别人，就会发现男性选择蓄须，以及选择胡须的长度、样式等，其实都是自我内心的一种展示。可以说，胡须的存在，反而让别人更容易看穿他们的内心。

通常来说，生活中蓄须的男士几乎都是爱美之人。很多男士的胡须都是经过精心打理的，并不是随随便便让其疯长，我们几乎很少看到顶着一圈纠结的胡须且邋遢不堪的男士。

这些男士如此注重自己的胡须，不外乎以下几种心理：觉得胡须可以令自己看起来更酷、更帅气；想借此掩饰脸部的缺陷；年轻的男士蓄须多是为了让自己看起来显得更成熟一些；而上了年纪的男士蓄须，却可能是为了遮住脸部出现的皱纹。

可见，胡须不仅是一些男士爱美之心的体现，也是这些男士个性心理的展示。如果你是一名娱乐圈的工作人员或者在校生，那么你留起来的胡须就

可能是为了展示自己的艺术气质或者叛逆性格。当然，有时你还可能是为了显示自己的威严或男子汉气概。我们都知道，大独裁者希特勒身上最显著的特征，就是他那种卓别林式的短髭。这样的短髭，衬托着他那矮小的身躯，也十分引人注目，既能满足他“受人注目的欲求”，又能激起当时德国民众的激昂情绪。留在下巴上的胡子，同样也有一种显示威严或权威的含意。有些国家的领导人就喜欢借助下巴上的胡子来树立自己的形象，像胡志明的长胡子、卡斯特罗的络腮胡子等。而且很有趣的是，不论是中国的神话传说，还是外国的魔幻作品，那些法力无边的人总是会留着一下巴漂亮的大胡子。显然，胡子也是为了表现他们刚毅的性格或强烈的自我主张。

不过，也不是所有蓄须的男性都性格刚烈。有的人性格也非常懦弱，缺乏个性。这种类型的人，多半是想将在语言上、行动上不敢表现的自我主张，用蓄须的行为来加以表达。

当然，懒散的人留着肮脏的胡须，就不是什么神秘的事情了。

10. 脸色变化暗示着你内心的波动

中医看病讲究“望闻问切”，通过观看脸色即可判断人是否健康。而脸色不仅具有这样的功能，还会流露出心情的变化。也就是说，脸色变化也会暴露出我们当时的心理活动。

脸红是最常见的脸色了。当人们有害羞、愤怒和高兴等心理时，大脑皮质就会刺激肾上腺，肾上腺素导致更多的局部血液流过脸颊，使得脸部不由自主地变红。当然，这只是泛泛而论的脸红，不同的情绪也会引起不同程度的脸红。比如我们与不熟悉的或比较重要的人见面时，就会心跳加快、脸部发红，有时还可能伴随鼻尖和额头出现细细的汗珠，这说明我们此刻的心情是很紧张、很激动的。

感到尴尬时我们也会脸红。法国著名影星苏菲·玛索在2005年的戛纳电影节上不小心走光，当时她的脸上立刻出现了尴尬的红晕。这种脸红，是伴随着突如其来的羞涩而产生的自然反应。

而当我们的脸色呈现灰色时，别人会因此而断定我们此刻应该是心情欠佳，正处于不悦的状态；当我们脸色发青时，别人则猜测我们是否要发怒或正对某人不满；当我们遭遇惊吓时，脸色大多会变成白色，但有时我们在隐瞒不可告人的秘密时，脸色也会变白。如果我们的脸红一阵、青一阵，有时转为苍白，别人会猜我们此刻也许正处于极度气愤的状态，因为这是肾上腺素一阵阵地大量分泌，导致血管收缩、交替充血贫血或使血管较长时间地处于贫血状态的缘故。

所以，脸色的变化可以表现出我们内心的活动，有时甚至还能成为别人判断我们个性特征的一面镜子。

战国时期，魏惠王雄心勃勃，广招天下名士，有人就向魏惠王推荐了淳于髡。因此，魏惠王便多次召见他，且每一次都屏退左右与他倾心密谈。但前两次淳于髡都沉默不语，弄得魏惠王很难堪。事后，魏惠王就责备推荐人不该推荐淳于髡。

推荐人就私下问淳于髡为何这样。淳于髡回答说："其实我也很想与大王倾心交谈。但第一次，大王脸上有驱驰之色，想的是驱驰奔跑一类的娱乐之事，所以我没说话。第二次，我见他脸上有享乐之色，想的是声色一类的娱乐之事，所以我也没说话。"

那人又将此话告诉了魏惠王，魏惠王一回忆，自己当时心里想的的确如淳于髡所言。

狄德罗在他的《绘画论》一书中也曾说过："每一个人心灵的每一个活动都表现在他的脸上，而且刻画得很清晰，很明显。"由此可见，当我们与他人交往时，无论是否面对面，都会下意识地通过脸色表现出各种情绪变化，同时我们也会时刻观察别人的脸色和情绪变化。正因为如此，人们的社会交往才变得复杂、细腻而又深刻。在高明的观察者看来，每个人的脸上都挂着一张反映自己心理情绪的"海报"，而这也是表现其内心风云的"气象报告"。如果不想让自己的情绪"海报"轻易被别人看到，就需要平时多多注意了。

11. 好脸色，谁都喜欢

这里所说的脸色，不是指静态的长相，而是指动态的面部表情，也属于表情的一种。每人都有一张脸，而由于五官的排列或所占的位置比例不一样，再加上五官可以任由人的心、脑所牵制，因而每个人的脸色也都有所不同。

面部表情是一种丰富的人生姿态和交际艺术。不同人的脸色，又可以成为一种风情、一种身份、一种教养、一种气质特征和一种表现能力，最重要的，它会体现出一种特定的心理活动。比如脸上泛起红晕，那么通常是羞涩或激动的表现；脸色发青或发白，那一定是因为生气、愤怒或受了惊吓而异常紧张的表现。

要想知道自己的脸色变化会给别人什么样的感觉，我们可以先看看其他人的脸色，比如上司的脸。我们几乎每天都到公司上班，因而上司的脸色是非看不可的。如果上司今天看起来红光满面，面带光泽，那么他一定遇到了好事，心情也不错；相反，如果上司今天铁青着脸，皱着眉头，你最好不要去招惹他。再就是吃喝拉撒都在一起的一家人，脸色更是每天都要看到，如果其中有一张脸板起了面孔，其他人的心情就不会好到哪儿去。

好话人人都爱听，因此我们经常会寻找最好的说话技巧。殊不知，和颜悦色的脸部表情比语言更能温暖人心。《论语》中记载了一段关于孝的对话，“子夏问孝。子日：‘色难。有事，弟子服其劳，有酒食，先生馔，曾是以为孝乎？’”这句话的意思是说：子夏向孔子请教行孝之道。孔子说：“难在当子女的脸色上。有事情，就让年轻人代劳，有酒菜食物就让年长者先吃，这就认为是孝了吗？”孔子的话的确经典，试想一下，孝道的最难之处不就是每天都能对自己的父母和颜悦色吗？

相应的脸色是一个人喜、怒、哀、乐的写照，也是一个人的“面子”所在。当我们在使脸色时，如果首先考虑到别人的面子，那么就会顾及他人的感受，适时给人台阶下。这不是圆滑世故，而是冷静睿智的表现，时刻提醒我们不要冲动、冒失。

由此看来，人的脸色可不能随心所欲地改变，即使自己难以控制，也要考虑一下别人的感受。因为，我们的脸除了蒙在被子里外，其他时间基本上都是与别人相对的，是让别人看得见的。也就是说，难看的脸色往往会呈现自己的心情，从而影响到别人的心情，有时甚至会把不悦传染给别人，剥夺别人的欢悦和快乐，同时也会给自己带来更多的不悦，有弊无利。

生活赋予了我们很多的快乐和幸福，即使常常有一些不尽如人意的事让我们心烦，我们也应该尽量学会隐藏，不随便将难看的脸色展示给别人。多一些豁达和宽容，多一些开心愉悦的笑，自己高兴别人也快乐，于己于人都有利。毕竟，我们每个人都是喜欢看好看的脸色的。

12. 左脸与右脸表现出来的不同表情

隐藏不了的真实内心，体现在左脸与右脸的不同表情中。

在 20 世纪 30 年代时，有个名叫沃尔沃的德国科学家做了一个有趣的测试：他将同一个人的同一张面部照片沿面孔中线分成左右两半，然后将右边脸孔与右边脸孔相连，又将左边脸孔与左边脸孔相连。

结果，沃尔沃发现了一个惊人的事实：新合成的两幅照片显示的是两个迥异的表情！原照片上的人物本来是微笑的，而新合成的照片上，两半右脸相连的那幅像上的人物依然微笑，而两半左脸相连的那幅像上的人物却显示出近似恐怖的模样。虽然是嘴巴张开，貌似微笑，但整体表情看起来一点都不轻松、不愉快。

为什么会有这样的结果呢？原来，我们的左右两半边脸是有着不同分工的。左半边脸直通人的心灵，表露出来的通常都是内心的真情实感，因而是“隐藏”的面孔；而右半边脸则如同一副面具，会按照理性的指引而做出假笑、假悲等表情，将内心真实的喜怒哀乐隐藏起来，因此它属于“公开”的面孔。

这样一来，许多时候我们左脸所流露的信息，恰恰是右脸想要掩饰的。上述的照片经过处理后，之所以出现表情完全不同的新照片，就在于照片中的人物原本是不快乐的，他是在假笑，因为他的左脸已经完完全全地出卖了他的内心。

由此可见，如果我们想探知一个人的真实情感时，分别看对方的左右脸即可，并且着重看其显露本心的左脸。比如，我们想判断一个微笑的人是真

隐藏不了的真实内心，体现在左脸与右脸的不同表情中

笑还是假笑，就可以把目光集中到他的左脸而不是右脸上。左脸的肌肉、纹理以及左眼的眼神，都可以告诉我们真相。不过。这也不是一件简单的事，人类的右脸之所以会“表演”，是因为人类的左眼更敏锐一些，因此在面对对方时，我们更容易观察其右脸，并从右脸去判断对方整张脸的表情和内心情感。

让天生不够敏感的右眼去面对与心灵相通的左脸，让敏锐的左眼去面对善于“表演”的右脸，这看起来更像是上天的一种安排，也是人类的一种自然选择。因为当我们想要隐藏一些情感时，当然不希望被对方洞察力较强的左眼一下看穿。所以，我们也会利用人类的这种“先天弱势”玩点小花招儿：用假笑骗倒对方，为自己赢得更好的人际关系和更有利的局面。

怎样才能避免假笑过假被他人识破呢？最简单的方法就是站在镜子前努力笑一下，然后看看自己在假笑时左右脸各自会出现什么样的反应，仔细揣摩两边脸的不同，然后努力让左脸模仿右脸的表情。

如果觉得练习后的假笑还是不够自然，那就想一件让你觉得可笑的事，或想一个能让你微笑的人，然后将其牢牢地记在心中。当在人际交往过程中需要微笑时，就去想这件事或这个人。当我们的微笑真正发自肺腑时，我们的左右脸的表情也就没有什么区别了。这样，无论何人，都不会发现我们的“秘密”。

13. 你面无表情时，别人会怎么想

在人类的心理活动中，表情是最能反映一个人情绪变化的。中国传统的人相学以脸型、相貌等来推测一个人的性格和命运可能有失偏颇，但凭面部表情来推测和判断一个人的性格，还是有一定道理的。因为表情的变化是内心活动的写照，相对于语言，表情更能传递一个人的内心动向。

那么是不是可以这样说，在社会交往中，如果我们能够做到面无表情，将自己的表情刻意掩饰起来，就不会被人看穿内心的情感变化呢?

生活中有一类这样的人，这类人不管看到什么、听到什么，都会不露声色。也就是说，他们那副没有表情的面孔几乎不会有任何变化。无表情的面孔是最令人窒息的，因为它将一切感情都隐藏起来，叫人无法捉摸。因而，它往往也比露骨的愤怒或厌恶更深刻地传达出拒绝。

其实，面无表情绝不等于心无感情。很多时候，面无表情就像说谎的表情一样，都是在极力压抑着自己的情感。我们可以设想一些需要控制发怒或忍耐不愉快的事，比如正在面对一个搞砸了事的下属，或者刚刚被老板责骂，这时我们的精神都会绷得很紧，表情也会随之僵化，甚至出现面部痉挛。这种心理状态与一个吹胀的气球类似，也就是当用手捏住一个地方时，别的地方就会鼓起来了。

所以，当我们在情绪高昂时，精神的紧张度就有所增加。这时如果内在的情绪没有外露，肌肉就会变得紧绷，必定会通过某些细节表现出来，比如频繁地皱眉、不停地眨眼、不正常的面部抽动、鼻尖出现皱纹等等，这些被压抑的情感都会无意识地表露出来。这些微小的动作，都在表现着我们内心

的愤怒、不安或者自卑等情绪。

同样的面无表情，有时还表现出我们内心极端的不关心和忽视。而这背后，也许隐藏的是我们有意的回避，其实是一种怀有好意或爱情的表现。这种情况在女孩子中比较多见，由于羞于对自己爱慕的对象表现得过于直接，又不想被别人知道，就会陷入左右为难的状态。如果自己喜欢的对象也对自己露出这样毫不关心的表情，而非厌恶或戏谑，那就说明对方心中应该也是在乎我们的，此时就可以继续向对方传递自己的心意。

此外，如果你经常都会面无表情，而不是在某些场合才刻意做出这种姿态的，那么你很可能会给人一种比较平庸的印象，因为他们认为你不过是想用这种表情来吸引别人的注意力。如果你并非如此，那么建议你最好不要动不动就呈现给大家这样一副尊容，这实在引不起别人对你的好感。

总之，我们的表情时常都在隐瞒或伪装，因此别人要想探知我们内心的真实情感也并非易事。

不过，当我们表面上装得若无其事克制自己的情感时，我们的心理线索仍然是有迹可循的。

14. 迟疑的表情，暗示你在说谎

通常来说，当你试图掩饰谎言时，大多数情况下会通过微笑、点头等动作来调整和掩盖自己的内在心理活动。然而，心理学的研究表明，人的脸部特征很难被完全控制，因为整个面部表情会出现短暂的凝固——呈现一种类似于停顿下来的、生硬的面部“迟疑状态”，这个状态大概会持续 2 ～ 3 秒。

第二次世界大战中期，东条英机即将出任日本首相。由于这件事很机密，各大报刊均未获悉。而记者的任务，就是要以最快的速度获得最新的消息，可不论记者如何探寻，大臣们都三缄其口。

有个记者很聪明，他知道大臣们是不会大大方方地说出首相人选的，于是就向大臣们提出了一个很奇怪的问题：请问出任首相的人是不是秃子？

大臣们的神色显得有些迟疑，这名记者马上得出了答案。

原来，当时的首相候选人有三个，一个是满头银发，一个是全秃，一个是半秃。而东条英机是半秃。所以当记者提出这个问题时，大臣们就想：半秃是秃子吗？

可见，一个无意中迟疑的表情，就出卖了自己内心隐藏的秘密。

其实，在你与人谈判或聊天时，当说到的问题或话题与自己所想的并不一致时，你的面部肌肉就会出现瞬间的僵硬，而且会持续 2 ～ 3 秒——这就是典型的迟疑状态。如果对方的眼睛够“毒”，你的这个迟疑的动作就难以逃过对方的眼睛，对方也会因此而判断出你的话是真是假，并因此推测你的心理活动。

此外，随迟疑而来的吞吞吐吐的语言会进一步暴露我们的内心。比如在与他人交谈时，如果我们的话语出现过多的简短停顿，常见的就是夹入一些无意义的语音词，如“呢”“啊”“哦”“嗯”等，这时对方也会怀疑我们可能在说谎，认为事实也许并不像我们所说的那样。

例如，作为一名推销人员，当你被问及“是否能给予一年的保修”时，你如果这样回答：“嗯，啊……这个您放心，有的。”这时，即使你给出了肯定的答案，但由于其中夹杂了语音词，流露出一种迟疑的表情，对方也可能会据此认为你在说谎。如果你给出的答案是实话，你只是心里想到其他事才稍有迟疑的，那么最好的化解办法就是赶快拿出保修卡，打消对方心里的顾虑，免得生意泡汤。

通常，当我们在说谎时，都会很注意控制自己的面部表情，但即使控制得再好，也会或多或少地流露出细微的迟疑表情。而就是这些细微的迟疑，也会“出卖”我们内心的秘密。

15. 流汗，是内心焦虑的外在表现

当我们的内心感到焦虑、紧张时，出汗是最本能的外在表现。我们知道，出汗是动物的一种生理本能，它的生物学意义就在于可以调节体温。当我们感到燥热时，汗腺就会分泌汗液。汗液蒸发后，我们的体表温度就会降低，人也会感到凉爽。但是，出汗也并不完全局限于调节体温，当我们感到情绪紧张、焦虑时也会出汗。比如，当我们在手术室外面，等着正在做手术的亲人平安出来时，通常就会出汗。

以口才好著称的英国前首相布莱尔在演讲时，也常常无法克服汗如雨下带来的尴尬。在英国议会对布莱尔帮助美国攻击伊拉克的决定进行问询时，虽然布莱尔的表情看上去很镇定，但仔细观察就会发现，布莱尔的额头上布满了汗水。

事实上，内心感到焦虑时出汗是每个人都不能避免的。也许一分钟前我们还自信满满地控制自己，可能下一分钟，一个瞬间的自我怀疑，就会让自己汗流直下。而且，由于内心焦虑而引起的流汗就像多米诺骨牌一样，一旦开始紧张而引起流汗，就会越发紧张焦虑，而越是紧张焦虑，流的汗就会越多。

研究发现，流汗往往和心率的增长同时出现，因而我们对流汗的反应及处理方法也常常会泄露大量的内心秘密。比如在与一个重要的客户商谈业务时，虽然我们强装镇定自若、信心满满，可手心也许已经出汗了。这就是因为我们的情绪正处于紧张和焦虑之中，对这笔业务相当看重，生怕谈不拢。

当我们处于焦虑状态时，心跳就会加速，伴随着不停冒出的汗水，脸色

也会变得潮红或苍白，这些现象都是由人体内的植物神经控制的，根本就不受大脑控制。因此，我们可以伪装高兴、难过、悲伤或愤怒，但却很难伪装焦虑。别人往往也会通过我们的这些表情，窥视我们内心的思想活动及真实想法，从而在一定程度上控制我们的情绪。

焦虑是一种相对消极的状态，但是，适度的焦虑也并非是坏事。适当地保持对事物正常的焦虑，恰好可以发挥出潜在的最大能量，让自己保持在最佳状态。但是，倘若紧张焦虑过度，就如同一直紧绷着的弓弦，很容易被拉断。所以，对于这种情绪，我们学会适当地调节，以坦然的心境面对困境。平时也可以保持规律和适当的体育运动，因为在体育运动中，血液循环会加速，从而保持大脑中氧的供应，降低这些不良情绪对我们身心的负面影响。当我们可以有效地调节这种负面情绪时，那么在遇到困难或面对重要的谈判时，心境自然也就平和了，汗也自然不会动不动就冒出来了。这时，又有谁能看到我们内心的所思所想呢？

16. 气色，那是人内心的表达

什么是气色？简单地说，就是人的精神和面色。严格来说，气色是由于行为意愿、健康状况的不同，或由于某种潜在的生活变数的异动，在面部不同部位表现出来的不同且具有色彩的脉动。所谓“气”，隐藏在皮肤之内；所谓“色”，则在皮肤上显而易见。比如，有的人看起来气定神闲，气色平和；有的人面色如玉，且有圆润感；有的人面如满月，神采照人；等等。这些就是所谓的“气色”。当然，不同的气色，也可以展示出不同的情感心理及健康状况等信息。

通过这种在面部游离的表情，我们可以粗略地看出某个人不为人知的一面，把握其内心。

我们知道，婴儿的皮肤大多呈现出微微的粉红色，白里透红，很漂亮。除了婴儿外，一些青春少女的皮肤也会呈现出白里透红的气色。在他人看来，这种气色代表主人的身心都很健康，而且精力充沛，故而也会给人一种阳光向上的感觉。

朦色是一种笼罩在面部朦朦胧胧模糊不清且略带灰色的颜色。当我们经过一个空气污染严重的地方，如尘土飞扬的建筑工地，尤其是夏季，脸上常常会被蒙上一层灰尘，洗脸后才会觉得神清气爽。那层在面部的灰蒙蒙的颜色，就是所谓的朦色。

这种气色会给人一种懒惰、散漫或生活、工作不如意的感觉，因此别人也就会认为你缺乏生活朝气，心态不够积极，或者生活正处于困境之中。

比较常见的气色还有惨白色，就好像一个人昏倒后，脸上缺乏血色一样。

我们知道，通过五官可以了解一个人静态的个性，因此五官属于静态的资料；而气色则是不断变化的，可以说是动态的资料。所以，当我们刚刚遇到极度刺激神经的事情时，无论这件事是好是坏，是令人兴奋的，还是令人气愤、悲伤的，都会引起面部气色的变化，出现面色惨白的现象。所以，当我们的面部出现这样的气色时，别人就可以据此判断，我们应该是遇到了一件较为刺激神经的大事。

当我们面部的微血管破裂时，在面部皮肤上就可以看到一些血丝，这就是赤红色。如果你具有这种气色，通常给人的印象是火气较大，脾气暴躁，好冲动，有时做事往往欠考虑，因而也会出现较多的失误。但是，这种人一般办事效率高，可谓雷厉风行。

具有鲜活气色的人生活状况良好。如果你是具有这样气色的商人，那么一定是财运亨通，春风得意的。而且，气色好的人也会心情舒畅。也正因为如此，我们的愉悦心情就直接反映在气色上了。在别人看来，我们应该正处于人生与事业的高峰期，因而得意之情才溢于言表。

还有一种气色，就好像太阳即将升起，曙光慢慢出来那一刻的颜色，明亮而新鲜，因此这种气色会给人一种充满朝气与活力的感觉。

第四章

笑也会使你的内心一览无余

在人的所有表情中，最重要的表情就是笑。笑的种类很多，甜蜜的笑、自嘲的笑、害羞的笑、爽朗的笑，等等。笑也能调节我们的情绪，表达我们的情感，传递我们的愉悦。可以说，每一种笑容的背后都藏着我们内心的很多秘密，不同的笑容自然也具有着不同的含意。只是，每一种笑都可能将我们内心的秘密透露给别人，你是否注意到这些了呢?

1. 隐藏在笑容里的内心感受

笑，会使你的内心一览无余。

以人的全部表情来说，笑是最为重要的一种表情。如果说世界上存在着一种通用的语言，它可以令不同国家、不同肤色、讲不同语言、具有不同宗教信仰以及风俗习惯的人们互相交流，并产生良好的效果，那么这种语言就是笑。

笑是我们在日常生活中经常使用的一个表情，但可能很少有人知道它的力量有多强大。事实上，笑也许是世界上最让人难以抗拒和最具感染力的表情。当你向他人投以一个微笑的时候，不论是发自内心的，还是虚伪的，对方都会自然而然地回馈给你一个微笑。你也许还会发现这样一个现象：在电影院中看一部喜剧电影要比独自在家看同样的电影更容易发笑，这就充分说明了笑声的感染力。喜剧片中的笑料并没有增加，而你在电影院中的发笑次数增多，主要是因为受到影院中其他人的影响。也就是说，你的欢笑多半是被他们感染的。

当别人向我们微笑时，我们的内心就会获得一种强烈的满足感，其实这种满足感是来源于潜意识中的认同感。微笑所传递的就是一种顺从、谦虚的信号，古人在交战时往往就是通过这一表情来判断对方是敌是友的。

笑有如此巨大的感染力，与控制我们表情的大脑神经有关。我们的大脑神经会对我们的面部肌肉发出指令，模仿任何一个我们看到的表情。虽然这是在很短的时间内发生的事，因为随后的意识会立刻修正我们的表情，但依然可以对对方产生很大的影响。通过对肢体语言的解读，我们就能够了解为

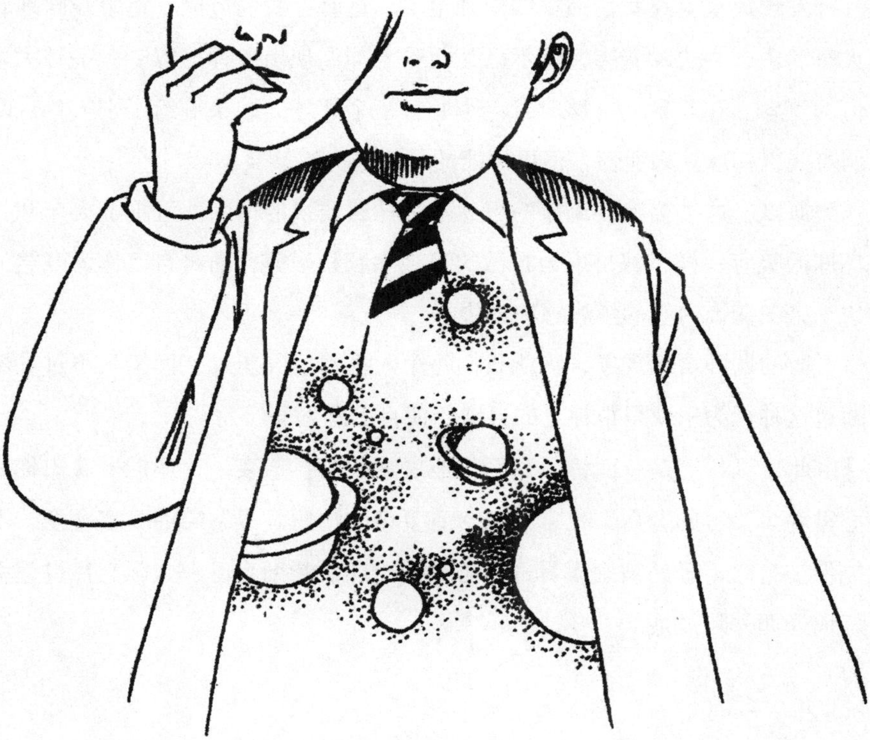

笑，会使你的
内心一览无余

何笑容会有如此巨大的感染力。

笑容里同样也隐藏着我们许多的内心感受，比如喜悦、讽刺、自嘲、蔑视、激动，等等。当我们对他人展示不同的笑容时，我们流露出的往往也是不同的心理活动。

比如，当我们肩上背着大挎包，手里拎着旅行袋，急匆匆地赶到火车站时，却发现火车就在我们的视线中开走了。这时，我们可能一边眼睁睁地看着火车离去，一边跺着脚懊恼不已，而脸上却浮现出一种笑容——一种无可奈何的笑容。在与别人打球时，不小心打了个坏球，结果输给了别人，这时我们可能以摔球拍来泄愤，但更可能的是边摇头边笑笑。

类似以上这类笑容，流露的当然不是什么愉快的情绪。赶不上火车和打了坏球的笑容一样，都是因为自己的狼狈和窘相毕露，而将自己作为嘲笑的对象，企图掩饰内心的焦灼感和失望感。

上面的这种自嘲现象，可能我们每个人都曾经经历过，而笑只不过是希望通过这种行为来获得精神上的自慰，使自己感到安宁一些。

由此可见，笑是一面镜子，不仅能展示你的喜怒哀乐，还能反映出你的内心世界。笑容的背后，也常常包含着复杂的情感。了解笑的真实含意，不仅能保护自己不轻易被别人看透内心，同时还能帮助自己在人际交往过程中更好地处理人际关系。

2. 微笑，是最令人难以抗拒的肢体语言

微笑，是最令人难以抗拒的肢体语言。

香港的美容专家陈安妮女士对“精神化妆法”深有体会，她说：“有些妇女遇到开心的事时也不敢笑，怕带来皱纹。其实不必担心，我就爱笑，可一条皱纹也没有。”

可见，笑能让你增姿添色并不是虚言。在生活中，一个友好、真挚、楚楚动人的笑容，必将会散发出无穷的魅力。

在笑的范畴之内，人们最为推崇的就是微笑。你向对方微笑，对方也会对你报以微笑。你的微笑向对方展示了友好和善意，而对方也用微笑告诉你，你让他体验到了幸福感，人与人之间的友好交流几乎都是这样开始的。

有人将微笑比喻成交际过程中的“通用货币”，人人都能付出，人人也都能接受。

然而在微笑的背后，依然藏着许多我们内心的秘密。笑是我们面部表情中最重要的一种形式。通常我们在高兴时，都会嘴角上扬，上唇提升，双眉展开，两眼放光，即所谓的笑容满面。这种笑容，此时就是一种典型的自信的笑。当我们静坐独处，回想起以前一些有趣的事时，当我们对自己目前取得的成绩感到满意时，我们都会情不自禁地微微含笑。这时，我们展示给别人的，是一种愉快的情绪。

同样，微笑还是一种社交的礼貌表示。在你与对方初次见面时，常常会用微笑来表示自己的严肃和端庄，以及对别人的接纳和尊重。这也是一种最常见的微笑，所以其中的含意不多，几乎只是一种好感的表示。

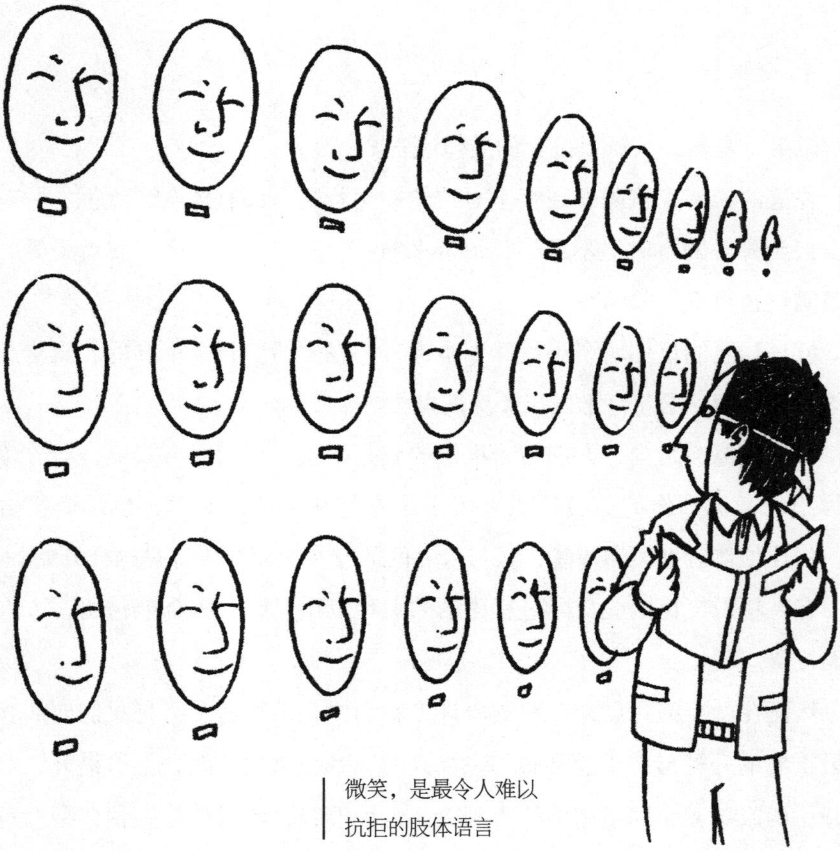

微笑，是最令人难以
抗拒的肢体语言

如果你喜欢默默地微笑，只是微笑，不发出声音，那么你给人的印象应该是内向且感情丰富的，但性格可能比较低沉和抑郁。当你在向他人默默微笑时，你的笑容显得很温柔、亲切，能给人一种很舒服的感觉，所以你也能很容易地与大家友好相处。

“回眸一笑百媚生”，这句诗是古人形容美女转头微笑时的情景，看来古人对于女性转头微笑的评价是非常高的。这句古诗的作者是否研究过肢体语言我们无从考证，但对于转头微笑的高度赞扬我们今天依然认同。当一个美丽的女子转头微笑时，通常都会令大多数男人浮想联翩。

那么，究竟是什么原因可以令转头微笑产生如此巨大的魅力呢？从肢体语言的角度研究时我们发现，转头微笑其实是一种混合的表情，它包括了两种相反的动作：微笑，向人传递的是一种亲近、友好的信号；而转头传递的则是一种躲闪、逃避的信号。这种看上去相互矛盾的肢体语言恰到好处地结合在一起，就达到了一种欲说还休的效果，让观者回味无穷。

倘若在转头微笑的时候，你可以再扬起下巴，露出脖子，那么这时制造出来的效果就更有杀伤力了。露出脖子，通常可以将女性的娇弱展露无遗。而这种故意示弱，恰恰能激发出人类潜能中保护弱者的欲望。尤其是对于男性来说，此时他们的征服感更会因此而被极大地激发出来。

由此可见，微笑的确是一种令人难以抗拒的肢体语言，只要你稍加利用，就会获得意外的惊喜。

3. 你的微笑能够给别人多少好感

著名旅馆大王康拉德·希尔顿在1919年将父亲留给他的1.2万美元连同自己赚来的数千美元一起用来投资，开始了他雄心勃勃的旅馆经营生涯。当他的资产增加到几千万美元时，他欣喜而自豪地将这一成就告诉了母亲。

令他没想到的是，母亲只是淡然地说："我看你跟以前也没什么两样，你应该把握比这几千万美元更重要的东西。除了对顾客真诚外，你还应该想办法让来希尔顿旅馆的人住过一次后还想再来住。所以，你应该想出一种简单、不花本钱且可以一直使用的方法来吸引顾客，这样你的旅馆才能发展下去。"

母亲的话令希尔顿开始思考，到底什么办法才能具备"简单、不花本钱且可以一直使用"呢？他冥思苦想不得其解，于是就去逛其他旅店，让自己作为一名顾客去亲身感受。终于，他找到了最好的办法——微笑服务。

从那以后，希尔顿将微笑服务用于自己的经营策略当中。他要求每个员工不论多辛苦，都要对顾客报以微笑。即使在旅店业务遭遇经济萧条的严重影响时，他也经常提醒员工，不要将心中的愁云摆在脸上，希尔顿旅馆的员工永远将脸上的微笑给予来旅店的顾客。

后来，经济萧条一过，希尔顿旅馆率先进入了新的繁荣时期，这很大程度上得益于希尔顿旅馆员工脸上的微笑。

由此可见，微笑可以给我们带来更多我们想要的东西。

有关人员通过对第一次相亲的男女双方调查后发现，在相亲过程中，男性逗女性笑的次数越多，那么他们彼此继续下去的可能性就越大，男性也越容易让女性产生好感。但是若整个相亲过程都处于一种严肃甚至死气沉沉的气氛中，那么这次相亲基本就会以失败告终。

社交专家提醒我们，微笑时别忘记眉毛的作用。人类也许是哺乳动物中为数不多的具有眉毛的高等动物，因此我们完全可以借助这个独有的面部特征来丰富我们的笑容。

我们的很多表情都可以借助眉毛的细微变化来完成，比如惊奇、快乐、怀疑、否定、傲慢、迷惑、愤怒等，都可以通过眉毛的变化展现出来。

微笑时，顺便用眉毛做一个简单的动作，就能够让微笑的能量大大增加，比如对别人微笑的同时，轻轻地抬起眉毛，然后迅速地将眉毛恢复原位，就能够让别人快速对你产生好感。抬一抬眉毛，就能让自己的魅力大增，可以说，这是一个既简单又能让你迅速交到朋友的有效表情。

为什么会产生这样的作用呢？因为这个微妙的动作会让对方在潜意识中觉得受到了尊重。而且，这种微笑还带有一丝惊讶的感觉，当你对他人做出这个打招呼的动作时，就好像在朝对方说："看见你我太惊喜了！"

很多明星和公众人物为了将自己的容貌深深地刻在大众心里，就会在与媒体打招呼时采用这种动作，而且还可能重复很多次。可以说，这种微笑和打招呼的方式也是最能吸引人心的。

4. 歪脸笑所流露的内心语言

歪脸笑，会流露真实的内心语言。

在美剧《别对我撒谎》中，有这样一个有趣的情节：在一个案件中，刚刚加入调查组的托雷斯对上司莱特曼的判断不认同，后来新的证据也表明上司判断可能有误。托雷斯见状，没有说话，只是浅浅地歪脸一笑，一边的嘴角微微上扬了一下，而这个细小的动作却被莱特曼博士看在眼里。莱特曼博士提醒托雷斯，嘲笑自己的上司是非常不明智的，托雷斯因为被上司识破心思而羞愧不已。后来，莱特曼博士用事实证明了自己判断的正确性，使得托雷斯心服口服。

上面的这个故事，出现了一个歪脸的笑容。什么样算歪脸笑呢？即指一个人在微笑时脸部扭曲，两边的脸不对称。常见的歪脸笑表情是嘴角和眉毛向上扬起，此时，一边脸颊的颧骨肌收缩，使得脸颊上浮现出一种看似微笑的表情；而另一边脸嘴角向下，眉头紧锁，则显示出一副不悦、痛苦的皱眉式表情。这种表情看似是在笑，但其实两边脸部的动作却显示出一阴一阳的反差。

这是因为，人们在控制自己意识的过程中，一边脸被成功地调动起来，表现出了假笑；而另一边脸，则表现出了忠于内心的真实表情，即皱眉。这种奇怪的表情，其实并不是真正的微笑，而是表现出一种讽刺、挖苦与不屑的情绪。比如当我们对别人表达的意见不认同或明显表达出排斥之意时，我们的内心深处就会产生烦忧、不悦、不以为然的情绪，也会非常容易做出这种歪脸笑的动作。

歪脸笑，会流露
真实的内心语言

例如，一个刚刚参加演讲比赛的选手从台上下来后，着急地向周围人问自己表现怎么样时，我们通常就会看到旁边的另一个竞争者附和着点点头，但他一边的嘴角会轻轻上扬一下，这就表示出他的不屑与讽刺意味。

这种歪脸笑的表情通常是西方人的专利，我们经常能从西方的电影中看到这种表情。而且，这种笑容代表的意思也是非常确定的，那就是讽刺和排斥。

在很多场合中，我们都可能被看到或者做出这种不经意的歪脸笑的表情。

比如，两个很久没见的同学在一个聚会上意外相见，聊起了自己这些年来的情况，其中一人说："我在毕业后工作一年就赚到了第一桶金，后来我觉得我完全可以自己当老板，于是我就开了一家公司。公司规模也不算大，一百来人吧，每年的净利润也不多，两千万左右。但是，我觉得在咱们这些同学中，我也算是成功的了……"

对于对方的这种夸夸其谈也好，还是真心表现也罢，另一方往往都会笑着点点头，同时口中说："那是相当成功了，你可真是了不起呀！"

乍看到这个场景，你会真以为后者对前者的成就敬佩至极，其实后者在表达自己的"佩服"之意之前，他的脸上出现了一个短暂的表情——歪脸笑。这个动作也告诉我们：他的敬佩之意并非真心实意，而是对对方话语的不屑和嘲讽。

5. 紧闭双唇的微笑，表示你在抗拒什么

紧闭双唇的微笑，是抗拒的信号。

通常我们都认为，微笑是展示一个人内心的幸福与快乐的信号，是表示顺从的信号，但是设想一下下面这个场景，这种情况下的微笑所表示的含意是什么呢？

女孩满头大汗地给男友做了好几道菜，然后满怀希望地看着男友品尝自己的菜，希望听到男友的赞美。可是男友吃了几口，然后就紧闭双唇微笑着朝女孩点点头，并竖起了大拇指。当女孩高兴地冲进厨房去端另外一道菜时，男孩却赶紧吐了口中的菜，急急地喝了口水，然后看着翩翩而来的女友，又紧闭双唇向女孩笑了笑。

从男孩独处时的真实反应，我们知道男孩对女孩做的菜其实并不认可，所以他在表示表面上的赞许时是紧闭着双唇微笑，而没有真正地开怀大笑。

这种紧闭双唇的微笑，其实表示的是一种温和的抗拒。

我们在露出这种微笑时，往往都是双唇紧闭，且向后拉伸的，形成一条直线，别人完全看不到我们双唇后面的牙齿。这种微笑体现我们的内心其实是想隐藏某个不为人知的秘密，或是我们不想与对方分享想法或观点。一般女性在遇到自己不喜欢的人而又不想让对方知道这一点时，就会露出这样的笑容。在其他女性看来，这种微笑其实是一种非常明显的拒绝信号，但大多数的男性却很难明白这微笑背后的真正含意。

当一个女人在谈论其他女人时，可能会这样说，“她比较有能力，工作也很出色”，说完，就露出了紧闭双唇的微笑。

紧闭双唇的微笑，
是抗拒的信号

其实，她的微笑告诉大家，她并不是真的很欣赏这个女人，而这句话的真实含意是："我认为她是一个有野心的女人，她实在是太爱出风头了！"

我们也经常在电视或杂志上看到这样一些名人，他们在笑时会紧闭着双唇，嘴角向后拉升，不露出一颗牙齿，整个嘴唇形成一条直线。可能我们不太会留意微笑背后究竟隐藏着什么含意，只关心这些名人到底在说什么。

其实，这个微笑的含意就是：我并不太赞同你的意见，我的内心深处藏着你不知道的真实想法，但我也不想告诉你。

举个例子，当我们在面对不喜欢的人或者自己不认可的上司，但又不能明显表现出来时，我们就会在不经意间流露出这种紧闭双唇的微笑，这种微笑其实就是形式温和的但明显表达抗拒和反对的微笑。有一位记者曾经说过，他采访过很多成功人士，他发现成功人士几乎都有一个习惯，那就是在被问及成功的细节问题时，他们总是抿嘴微笑，然后以一两句简单的话敷衍过去。其实他们之所以会这样，就是因为他们不想把成功的细节公之于众，所以对此类问题便产生了抗拒的心理。

由此可见，当我们不想拒绝某件事或某个人时，尽量不要表露出这种紧闭双唇的微笑。

因为，这种笑容可能会给人一种误解，认为你对目前的状况感到不满，有所抗拒。

6. 伪装的笑脸，会被别人看破

几百年来，人们对达·芬奇的作品《蒙娜丽莎》中神秘的微笑可以说莫衷一是，不同的观赏者或同一个观赏者从不同角度看，感觉似乎都是不同的。有时觉得她的微笑很温柔，有时又显得很严肃，有时充满嘲讽，有时又觉得略带忧伤。因此，对于蒙娜丽莎的微笑的研究一直都争议不断，学者们对于蒙娜丽莎究竟是否在真的微笑也一直没有定论。

学者们经研究发现，蒙娜丽莎在微笑时，眼角和嘴角这些部位被达·芬奇画得若隐若现，没有明确的分界线，而这也正是判断笑容是否伪装的关键区域。因此，蒙娜丽莎才会有这种令人捉摸不透的“神秘的微笑”。

在现实生活当中，我们真笑的次数可能要远远少于假笑的次数。真正的笑是我们被有趣的事物所吸引，而生活中这类情况并不多。更多的时候，我们的笑脸都是伪装出来的，尤其在打招呼、拜见客户、缓解尴尬等情况下，我们都会不知不觉地假装微笑。因为即使是假装微笑，也可以消除他人的戒心，化解彼此间的陌生感，让彼此之间的沟通变得更加容易。

通常来说，几周大的婴儿就懂得将自己真心的微笑留给妈妈，而用假笑来面对其他人。久而久之，研究者们就发现，人们的脸上之所以会露出真心的笑容，是因为受到两种重要肌肉的作用，一种是颧骨肌，另一种是靠近眼睛的眼轮匝肌。颧骨肌可以帮助我们做出咧嘴、露牙、提升面颊等动作，而眼轮匝肌可以帮助我们收缩眼部肌肉，令眼角出现鱼尾纹。

根据生理学的研究，前者受意识的控制，后者则完全独立于意识的控制。这也就是说，当这两种肌肉同时发力，令我们的嘴角上扬，形成“鱼尾纹”时，那么这就是发自内心的热情而又真挚的笑容；相反，如果我们情绪消极，心情不佳，就很难营造出真挚的笑容。

如果你感到不开心，你就不可能用颧骨肌和眼轮匝肌展开灿烂的笑颜，这时即使你展露给别人的是笑脸，别人也会觉得你的这个微笑很牵强，不够自然，并会因此猜到你此刻不佳的情绪。因为伪装笑脸时，令嘴角向两边拉伸的是笑肌。但与真笑不同的是，这部分肌肉虽然可以有效地拉伸嘴角，但却不能将嘴角向上抬起。

另外，真笑通常会均匀地浮现在整个脸部。而对于假笑来说，脸部肌肉发力就会不均匀，会偏重于脸的一边。大多数情况下伪装的笑脸，都会浮现在右脸上。

当我们观察电视上播放的有关某个明星的新闻发布会时，你会发现当明星被问及尴尬的问题时，他就会显露出伪装的笑脸。这样的笑容会突然开始，并很快结束，看上去就像是在用力地挤压脸部，给我们的感觉就是“皮笑肉不笑”。

所以在很多情况下，我们伪装出来的笑脸是会被别人看破的。如果你不想被人看透你的伪装，那么你的“演技”就需要“高超”一点了。

7. 爽朗的笑，展现你爽朗的个性

在人际交往中，如果你经常展现直率明朗的笑容，那么你一定是个爽快之人。你最明显的特征，就是喜怒哀乐的情感都实实在在地流露到脸上，外人也很容易从你的脸上看到你的心情。

如果你就是这种个性的人，当感到欣喜快乐时，脸上就会很自然地堆满笑意，表情也十分明快，眼睛闪闪发光，面部非常有光泽。这时，你给他人的感觉，一定是你此刻正处于高兴、欣喜和兴奋的情绪当中。相反，当遭遇悲伤时，你的情绪就会一落千丈，表情也会随时跌入低谷，眼帘下垂，眼睛缺乏光彩；当悲伤达到高潮时，甚至会不顾一切地号啕大哭。生气时，你的脸上也会马上出现反应，不是涨红了脸怒骂别人一通，就是铁青着脸，别人一眼就能看到你正处于发怒状态。

总之，你不是那种善于隐藏自己情绪的人，内心想到什么，脸上马上就会表现出来，不太会顾及他人的感受。而且，你对自己的感受以及情感的起伏也非常忠诚，给人一种不会骗人的直率感觉。

通常来说，你给人的感觉是爽朗快活的，但是你爽朗快活的时期与感到悲伤忧郁的时期会轮流到来，因为“躁”和“郁”循环来临的“躁郁气质”是你个性的基础。至于循环的频率则会因人因事而异，有时在很短时间内就要循环一次，但只要有人安慰你，你很快就会破涕为笑。

事实上，你是个很需要别人理解、知道你心事的人，尽管有时你也会很笨拙地将自己的内心隐藏起来，但却又迫切地希望别人知道。正因为如此，你内心的喜怒哀乐也会很容易就被别人看透。

当你在笑的时候，笑容不仅直率明快，而且笑的幅度还很大，那么你给人的感觉同样是真诚而直率的。大家会觉得你是个内心比较简单的人，没有太多心机，因而也乐于与你做朋友。当朋友犯了错误时，你往往能够直言不讳地指出来，而不会因怕得罪人而视而不见、听而不闻。而且在自己力所能及的范围内，当别人有困难时，你也会乐于给予帮助。基于这些，你通常拥有良好的人际关系，在遇到困难时也会得到来自他人的关心和帮助。

笑的幅度再大一些，那就是捧腹大笑了。如果你是喜欢这样笑的人，那你一定是心胸开阔的。在朋友的眼中，你很“讲义气”，当他们取得成绩时，你会真心地祝福；而当他们犯错后，你又会给予他们最大限度的宽容和谅解。因此，你是朋友圈中的开心果，总能给大家带来快乐，同时还富有爱心和同情心。你的这种笑，体现出你直爽、热情、仗义的个性。总之，如果你是个经常真心展露明朗、欢快笑容的人，你通常都会给人一种很不错的印象，本身也能营造比较和谐的人际关系。

8. 不同的笑，体现出你不同的性格

笑是一面镜子，能折射出人的喜怒哀乐，还能反映出性格特征。在社会交往过程中，无论哪种笑，其背后都有着丰富的语言内涵。

通常来说，如果你在遇到高兴、欢乐的事时，根本不在乎周围的人，马上喜形于色，并会发出愉快的笑声，那么别人一定会认为你是个性格外向的人。

也因为性格所致，你不太喜欢隐藏自己的情感，率直的个性也令你能够充分地向他人展示自己的内心，所以你的表情也很丰富，会将悲伤和高兴写在脸上。因此，你的笑容对于别人来说并不难理解。只要看看你的面孔，就很容易了解到你的心态了。面色欢愉，笑容灿烂，那心情一定不错；相反，面色忧郁、悲伤，笑容也显得悲哀、冷清、无奈，那一定是情绪不佳。这种明朗的个性特征，也使你成为一个很容易与他人相处的人。

性格外向的人，笑容总是单纯而明快的。如果你是性格外向的人，无论你走到哪里，你的笑容都会非常吸引人，让很多人愿意和你相处、交谈。当然，你做起事情来可能会更加顺利，更容易达到预期的效果，甚至有很多惊喜。

如果你的性格比较内向，那么你的笑容对他人来说可能就有些复杂了。由于性格使然，你可能不过多地展露出笑容，即使是笑的时候，笑容在别人看来也缺乏生气、缺乏自信，甚至是假笑。这时，别人可能会通过你的眼睛来猜测你此刻的情绪，比如你的脸虽然在笑，而你的眼中却没有笑容，那么你的心中也一定没有笑，你此刻的笑容就是戴着面具的假笑。至于为何会表现出这种笑容，那就与当时的环境和事件息息相关了。总而言之，别人会认为你表现出的是一种缺乏内容的笑。

当你和很多人在一起很快乐地大笑时，你的笑可能也不会像他们那样自然、爽快，而是会表现出某种不安。这种笑在别人看来就是一种窃笑，是你在试图掩饰内心的紧张而强挤出来的。这也是由你的性格所决定的，因为你常常想将自己深深地隐藏起来，不希望别人对你了解得太多。

而且，比起外向型的人来说，内向性格的人笑容会比较少。就算遇到什么喜事，也认为没必要让毫无关系的人知道。甚至可以说，你具有一种隐藏自我的防卫意识。正因为如此，就算你能笑出来，看起来也总是给人一种虚假或缺乏自信的感觉，笑起来不够自然，嘴唇甚至还会微微发抖，以致别人认为这是一种极富空虚感的冷笑。这对你的人际关系的建立和维持显然是不利的。当然，虽然说性格内向的人笑容比较少，但也会有自然地笑出来的时候。

如果你的笑容经常不自然，笑起来感觉是一种自嘲，那你是一个性格不太自信的人，可能比较脆弱。

如果你的笑容在别人看来，有点像自虐，仿佛看透了某种事物似的，比如对人生、对生活感到疲惫，等等，那么，你可能是一个性格比较孤傲的人。

此外，如果你的笑容在很多时候都是无可奈何的苦笑，那么，你可能是一个性格懦弱，对生活缺乏信心的人。

不知道你自己有没有意识到，在社会交往过程中，这些不同的笑容通常会暴露你的性格，并且不够真诚、不够自信的笑容，都是不太会引起别人好感的。

9. 不自然的笑最容易被看透

自然的笑容可能会流露出我们的内心情感，使自己心里的真实想法被别人看穿；而不够自然的笑容，就更容易被人看透了。

最典型的不自然的笑，就是皮笑肉不笑，笑时嘴唇完全向后拉，使唇部形成长椭圆形的笑容。这完全不是发自内心的自然笑容，而是一种虚伪、讨好的笑容。当一个下属不得不向上司献媚时，当一个人假装欣赏一个人的言论或举动时，常常就会展现出这种笑容。这种笑容很容易就会被人看穿，并因此对你的印象大打折扣，觉得你是个不够真诚的人。

笑时慌张、不自然，看着别人笑你就笑，经常会忽笑忽停，这时你给别人的感觉是缺乏自信心，内心感到自卑，连笑都感到害怕，甚至会觉得你为人处世不够“敞亮”，因而也可能难以与你建立和谐的人际关系。其实别人的猜测也很对，面对这种境况你通常不知道为什么而笑，因为缺乏自信，也常常非常担心他人对你的看法。

笑的时候习惯用双手遮住嘴巴，这也是不太自然的笑。这样的你，给人的印象是内向害羞的，而且性格可能比较柔弱。尽管你不太轻易向别人吐露自己的真实想法，但别人很多时候还是能从你的笑容中猜出一些。

另外，倘若你总是喜欢小心翼翼地偷笑，那么你给人的感觉也是比较内向的，而且还可能被人看成比较传统、保守的人。在与人交往时，你会显得比较腼腆，但对他人的要求却很高，如果达不到你的要求，你就会表现出不愉快或不认同的态度，因而也会影响你的人际交往效果。不过，只要是你认可的朋友，他们对你的印象都会不错。

笑起来鼻子上扬，往往是别人在笑而你却不肯笑，或者只是略微地笑几声，这是一种轻蔑的笑。这样的笑容在别人看来是你根本瞧不起对方，而你的内心其实是非常自卑的，你在潜意识中是以压低别人来抬高自己。

因此，你的这种笑容往往不太受人欢迎，有时甚至显得有些格格不入，你也会失去很多朋友。

还有一种歇斯底里的笑也很不自然。这是一种听起来热闹却让人感到恐怖的笑声，声调很高并很夸张，表现得有些旁若无人。如果别人听到你的这种笑声，或看到你笑的模样，会认为你有些神经质，或是感到内心充满绝望，或是对别人的嘲讽，或是渴望得到别人的关心，但绝不会认为你是温暖或者愉快的。

有时我们还会从鼻子里哼出笑声，这种笑有两种含意，第一种是自己在忍着笑，不想引起他人的注意。如果是这样，那么你给人的印象会比较体贴、细心，而且性格谦虚，非常重视他人的感受。这种笑还有一种含意，就是对别人的轻蔑，暗含看不起别人的意思。倘若你常常这样笑的话，那么别人通常会觉得你很自负，不把他人放在眼里。这种笑也会破坏你的人际关系，让人难以对你亲近起来。

10. 愤怒至极点时也会微笑

无奈、愤怒至极点时，我们也会微笑。

笑，通常是一种愉快情绪的外现。当我们感到快乐、欣喜、激动时，都会以不同的笑来表达我们内心的情感。不过，笑也不完全都表达愉快的情感，当我们的内心感到愤怒、悲哀或者憎恨到极点时，我们通常也会以微笑来表达。通常人们说脸上在笑、心里在哭的情形，正是这种类型。纵然满怀敌意，但表面上却还要装出谈笑风生，行动也落落大方，没有一丝一毫的失态。

之所以要这样做，是因为我们觉得如果将自己内心的渴望或想法毫无保留地表现出来，无异于违反了社会规则，甚至会引起众叛亲离或者成为大众指责的对象，甚至还会受到社会的制裁，因而不得已才流露出这种表情。

关于这一点，最好的例子就是夫妻之间的吵架。通常两个人在刚刚结婚时，感情都会很好，也常常如胶似漆、形影不离。可是，随着生活的日渐平淡，彼此都熟悉了婚后的生活，彼此间的新鲜感也逐渐消失了，也开始为柴米油盐酱醋茶的琐事而吵架了。

起初，夫妻两人一有不满时，可能就会互相争吵，而且谁也不让着谁。但两口子吵架，大多数时候都是床头吵架床尾和，吵过后用不了几个小时就又好了。随着吵架次数的增加，夫妻二人变得谁也不愿再理睬对方，彼此会经历一个相对冷漠的阶段。

但这也不是办法，夫妻总要面对家人和朋友。为了不让别人看出来，两人就会逐渐过渡到有别人在场的时候，彼此显得关系还不错，很恩爱，有说

无奈、愤怒至极点
时，也会微笑

有笑；而一旦只有两人独处时，家里就可能变得静悄悄的，两人互相也不说话。渐渐地，没人在的时候两人也开始说话了，但这并不代表尽弃前嫌，只是有时候有些不得不说的话而已。

而当彼此间的不可调和发展到极端时，不愉快的表情反而消失了，两个人的脸上呈现出一种微笑，态度上也显得卑恭而又亲切。一位经常办理离婚案的法官说，当夫妇间任何一方表现出这样的态度时，就表明夫妻间的关系已经到了不可调和的地步了。

由此可见，笑容也不全部都代表美好，满天乌云不见得就会下雨，笑着的人未必就是高兴。很多时候，我们的苦水往肚子里咽着，可脸上却是一副甜甜美美的样子。反之，脸拉下来时，说不定心里正笑得开花呢。只是，如果别人够细心的话，他们会发现我们在这种情况下的笑容是不够自然的，因为那毕竟不是发自内心的快乐，而是一种无奈、愤怒甚至憎恶导致的相反情绪。这种情绪，又怎能引起满心愉快的笑容呢？

11. 不同的笑声，传递出不同的含意

我们知道，笑容可以展现我们的内心世界，除了笑容外，笑声也会体现我们的个性和心理活动。很多时候，笑声甚至会成为“出卖”我们内心隐情的“叛徒”。

笑声有很多种，比如刺耳的笑声，发出“咯咯”或“哈哈”大笑的笑声，等等。笑声不同，体现出来的情感也不同。

有时我们在笑时，可能会发出一种断断续续的声音，我们自己不觉得怎样，但这种笑声别人听起来却很不舒服，对方也会因为这种笑声而对我们的印象大打折扣。在他们看来，我们是在时刻观察他们，然后投其所好，伺机行事，为了迎合他们才发出笑声的，因而他们会认为我们的笑声不够真诚。而事实上，我们的内心可能也真有这样的想法。

如果你的笑声在自己和外人听起来都尖锐刺耳，那么你给他人的印象就是，你是个精力充沛且具有冒险精神的人。在别人眼中，你感情丰富细腻，生活态度乐观积极，因而也会有比较不错的人际关系。

在遇到高兴的事时，如果你喜欢发出“哈哈”的笑声，那么你在别人眼中就是所谓“豪杰型”的人。这种笑声是从腹腔发出的，一般人很难发出，只有身体状况极佳的人才可以做到，因此平时这样笑的人一定是体力充沛的人。不过，这种笑声也带有一定的威严感，会使人心生警戒。倘若你是女性，发出这样的笑声时，别人会将你当成一个领导型的人。

发出“呵呵”的笑声时，你给人的感觉往往是缺乏自信心或在强制性地压抑着内心的不快情绪。也就是说，你并没有完全发笑，而是在刻意地压制

自己。在他人看来，当你发出这种笑声时，你可能是在掩饰内心的不快，或者你的身体此刻正感到疲倦。

当你对他人带有批评或轻蔑态度时，你的笑声就会是“嘿嘿”声。当然，如果你平时就习惯这样发笑那另当别论。只是，如果你在谈判过程中发出这样的笑声，那么对方即可从中断定你们的商谈不会成功了。在发出这种笑声时，你的内心也往往充满了不安和烦恼，甚至会带有一定的攻击性，因而希望借此压制对方来获得快感。在一些商务场合，这种笑声通常是不太受欢迎的。

还有一种“嘻嘻”的笑声，这是典型的少女型笑声。如果你喜欢这样发笑，那么给人的印象就是你好奇心强，性格开朗，非常渴望博得周遭异性的好感，而且你的这种心态会随时表现在脸上。

在笑时发出“哧哧”的声音，这证明你是个天生的乐天派，性格也是爽朗直率。美国心理学家伊莲·卡恩博士说：“你是一个爱好快乐的人，喜欢看到好笑的事被夸张。”通常来说，笑时发出“哧哧”声音的人，大多能够严格地要求自己，而且想象力很丰富，创造力也很强，经常会有一些令人惊奇的举动。并且，你很有幽默细胞，在别人看来，你是一个聪明和充满智慧的人。

第五章

眉来眼去：眉眼高低诉隐情

眉目传情可不只是爱情的表达方式，事实上，通过眉眼暗送秋波仅仅是微表情中的一种情况。眉毛、眼睛等的不同组合与变化可以传递出成百上千种富有不同含意的信息。同是眨眼，结合了不同的眉毛、眼角、鼻子动作，就有不同的含意；同是挑眉，配合了耳朵、配饰等的不同动作与装饰就代表了各式各样的心情。即使没有测谎仪，你一样可以发现对方的蛛丝马迹，按图索骥看出对方的真实心意，因为眉来眼去的表情语言可比那些容易伪装的口头语言诚实多了。

1. 眼睛向右频瞟的人可能在说谎

眼睛向右频瞟的人可能在说谎。

如果一个人在目光投向右方的同时，面带笑容，神情放松，那说明他对话题很感兴趣。相反，如果向右看的同时，眉毛紧蹙，神经紧绷，说明他并不同意他人的说法或观点，但又不想明确表达出来。

当然，向右看的动作含意很丰富，不能一概而论，要根据当时具体的情境进行分析。向右看可能表示对方对所听的事情非常感兴趣，也可能表示对某种观点不确定，甚至可能是敌意。

某社会事件发生后，某涉事女主角在事后做客某电视节目时，曾被主持人追问事情的详细经过，细心的观众发现，在整个采访过程中，该涉事女主角不止一次紧闭嘴唇，眼睛频频向右看去。

右侧明显没有任何更新奇的事情发生，涉事女主角的这种频频向右看、自我抑制的表情只能证明：她所说的话并不可信。因为小动作表示出她对自己所说的话也存有不相信的心理，眼睛频频向右看是通过下意识地调取右脑图像记忆区的储存信息进行回忆，而紧闭的双唇则从侧面再次暗示她可能隐瞒了一些未公布的事实。

但有时向右瞟的眼神并不太容易被人察觉到，因为没有人会做得非常明显。这就需要你能认真观察，只要够认真，无论对方的动作如何转瞬即逝，你还是会注意到蛛丝马迹。最著名的例子就是，当年英国查尔斯王子和戴安娜结婚时，在其准备向戴安娜发誓时，他两眼不自觉地向右上方看了看。显然，当时发誓的查尔斯王子并没有诚实地对待誓词——这个小动作透露了他可能在说谎的事实。虽然事后有好事者为其解释，上方正是上帝所在的位置，查尔斯向上看，是无意识地想请求得到帮助的表现，指望上帝能帮帮他——当然，这可能只是个讽刺！

事实上，不管是否信仰上帝，不管是哪里的人，如果在发言、发誓时，眼睛下意识地频频向右瞟去，那基本上可以说明他可能正在隐瞒自己的真实想法。

我们甚至可以通过这种向右看的小动作，八九不离十地猜测出对方可能正在回忆某件之前经历过的事情。在美国的葛瑞德和班德勒的研究成果中，这个动作被冠名为“右视语言”，他们把它归到神经语言程序学的范畴，并

眼睛向右频瞟的人
可能在说谎

进行了深入广泛的调查研究。之所以叫这个名字，是基于这样一个调查认识：如果一个人正在回忆某件自己之前经历过的事情，他的目光会自然地投向上方；如果是在回忆某个听过的声音，他的目光则会自然地投向侧面，与此同时他的脑袋还会略微倾斜，做出一副认真倾听的样子；如果对方正在回味的是一种感觉或是情绪，他可能会把目光自然地投向右下方。但是如果他仅仅只是在心里自言自语，那他的目光便会自然地投向左下方。

大量的调查研究发现：那些习惯说谎的人会在潜意识里控制自己的眼睛是向左还是向右瞟。但因为大多数说谎者都不习惯长时间注视目标对象的眼睛，所以他更有可能选择向上或向下看。研究还表明一些说谎专家更精于掩饰，他们大概已经了解多数人说谎时不敢看着别人的眼睛这一事实，所以会反其道而行之，冒险在说谎时——即使这个谎言很大很容易被戳穿——选择直视对方的双眼，这个时候被直视的人该怎么办，怎么判断？

似乎没有什么方法，但是不要忘记，只需要 1/25 秒的时间，一个短暂的微表情就会暴露他的真实想法。当对方直视你双眼的时候，你不妨注意一下他的眼角、嘴唇还有手部动作，没有人可以同时控制全身器官进行同步伪装，总会有一个不经意的动作暴露他的真实意图。

无论何时，只要我们记住：不管对方是通过编造谎话来掩盖真相，还是通过肢体动作来增加谎话的说服力，眼神都很容易将他们出卖。

2. 瞳孔放大的动作说明对你非常有好感

瞳孔放大的动作说明对你非常有好感。

人的瞳孔不只会因为光线强弱的变化而放大或缩小，也会因为心理状态的变化而发生变化。通常，人们看到自己喜欢的人时，瞳孔会放大，即使有人假装扭头看别处，表现得毫不在意，但通过瞳孔放大这种自然的生理反应，还是可以很快找到破绽。

曾经有美国的学者做过这样一个瞳孔放大实验：给男女两组被测试的人轮流放映五张幻灯片，同时对实验者的瞳孔变化进行摄影记录。这五张被观看的幻灯片的内容分别是婴儿、怀抱婴儿的母亲、裸体男性、裸体女性和风景。结果显示，瞳孔放得最大的是看异性裸体照的时候，此时被测试人的瞳孔基本都放大了 20%左右，而且男女瞳孔放大的程度没有较大分别。

上面的实验也再次说明人们面对那些自己拥有好感、很喜欢的人时，瞳孔非常容易放大。这大概也可以解释为什么相互凝视的恋人的眼睛看上去都润泽而有神。

眼睛一直是人类最为重要的器官。多数人都认为眼睛是最能传达情感，同时又是最不会说谎的器官之一。如果你看到你的对手或者听众在听你谈话的过程中，瞳孔有明显放大，那说明他对你非常有好感，甚至已经完全信任你了。

在我们的肢体语言里，眼睛所传递的信号是最有价值也是最准确的。因为瞳孔是传达身体感受的焦点，而且其运动是独立、自觉、不受意识控制的。在相同的灯光条件下，随着态度和情绪从积极转向消极，瞳孔就会由扩张转向收缩。当人们处在兴奋的状态中时，瞳孔会比原始尺寸扩大四倍；相反，如果人们处在生气或者其他消极的情绪中时，瞳孔就会收缩，变成我们平时常说的“如绿豆般的眼睛”。而且瞳孔的颜色对人也会有一定影响，研究表明，那些拥有浅色瞳孔的人往往更吸引人的注意力，因为浅色的瞳孔在扩张时给人的感觉更加明显。

通过瞳孔来判断他人对自己的态度，这一方法屡试不爽。最成功的例子就是，有厂家在一次商品广告活动中，通过修改海报中模特的瞳孔尺寸，使得产品的销量提升了近一倍。

还有研究表明：目光的交流表达了心理上的接纳，当人们看到喜爱的东西时，瞳孔就会自然放大。如果面试官经常与面试者进行目光交流的话，则表示他愿意与面试者进行沟通。所以如果你的面试官望着你微笑，并且瞳孔微微放大的时候，恭喜，你已经胜券在握了。

有不少精通此“道”的人都会将此运用在商业谈判或合作中，他们会特别注意“观察对方的瞳孔变化来判断彼此对不同话题的反应”，从而再做出决定。如果你是相亲一族，也可以试着观察一下与你相亲的对象，自己精心的装扮和优雅的谈吐到底有没有引起对方的兴趣呢，看看他或她的眼睛对你的“第一印象”吧。

“瞳孔是一种非常敏感的指示计”，有位心理学家曾这样说过。这个指示计可以用来测定人们对某一情况如何做出反应。当某人对某些事情感兴趣时，瞳孔就会放大；如果有人说出他所不喜欢的事情，他的瞳孔往往会收缩。此外，人们无法控制自己眼睛的反应变化，人们眼神的变化能一丝不差地泄露真情。也正是因为如此，据说许多阿拉伯人甚至在家里也要“戴上墨镜”，目的就是不让别人看穿自己。

尽管观察瞳孔可能获得一些信号，但在正常的谈话距离上，要想进行观察就有些困难。如果你紧盯着对方的眼睛看，会让对方感觉到紧张、不自在，进而影响谈话质量；如果是在商务活动中，在和合作对手或者员工谈话时，紧盯着对方的眼睛看，很容易给人造成一种“你来试试看”的挑衅情绪或者“我很不相信你”的暗示。当然，如果是男女对看，则意味着双方都有意要引起彼此的情欲。

在日常生活中，不需一直盯着对方的眼睛去发现瞳孔扩张与否，只需进行正确的目光接触就能够控制谈话的局面。比如，眼睛睁大，目光有神，也可以表示出你对当前话题很感兴趣，如果用稍微眯眼，有一些斜视的眼神看着对方，那么他很快就会察觉到你也许正想要把他牢牢踩在脚下。

在面对面的交谈中，我们的目光大部分时间都停留在对方的脸上，所以眼睛所传递的信息，是帮助我们解读对方态度与想法的最佳利器。

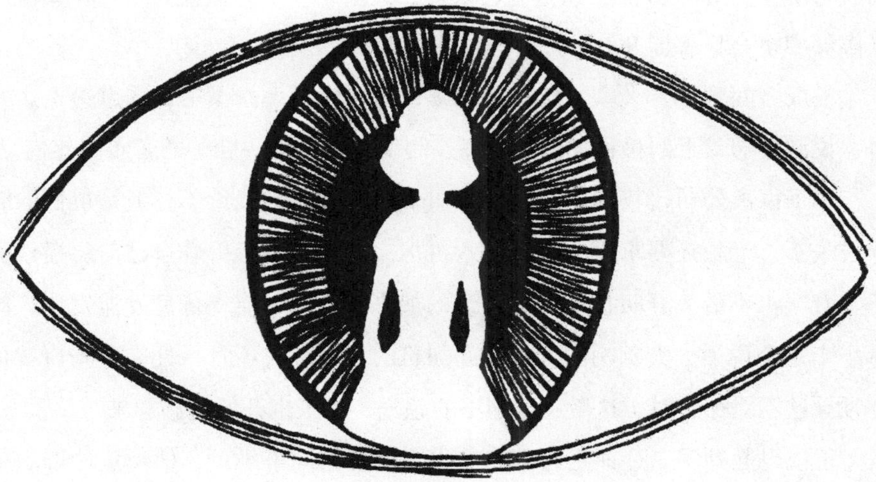

瞳孔放大的动作说明
对你非常有好感

3. 眨眼频繁的他有暗示

正常情况下，人的眼睛每分钟会眨眼大约 20 次，每次眨眼时闭上的时间只有十分之一秒。如果眨眼过于频繁快速，不是身体不健康，就是意味着对方可能正为什么事情感到担忧、兴奋，甚至是在对你撒谎——人在撒谎时眨眼频率也会显著提升。

午饭时间到了，大家开始陆陆续续地向食堂走去，小王和同事边走边八卦，说起公司最近的种种加班理由以及制度，大家都一肚子的苦水与怨气。

小王家离公司比较远，连续加班四个月已经非常疲惫了，但是最忙的时候过去了，老板还要求每个人每周六再加一天班。小王碍着自己需要攒钱买房，有气也不敢公开叫板这种不人道的加班制度，只能在背后发泄发泄。同事小李是个说话大大咧咧的人，说起加班的事情，气不打一处来，张口就批评领导这不对那不对。这激起了小王的怨气，小王也开始抱怨起来。

正说得起劲呢，迎面走过来先前出去就餐的同事小黄，他突然冲着小王眨起了眼睛，小王看得有些迷糊：什么意思？小王抬头向后望了望，是拥向食堂的人群；再向前看，小黄面带微笑还在冲自己眨眼睛。小王心想：开什么国际玩笑，和我玩暧昧啊。小王刚想冲小黄说句损话，突然旁边的小李拉了拉他的衣服低声说道："王主任在我们后面。"这下，小王吓了一跳，王主任个头矮，刚才回头没看见，准是被谁给挡住了。怪不得小黄冲自己眨眼，他肯定是看到了王主任才向自己发出警告呢。

这种情况是我们在生活中经常遇到的。当对方有事或有暗示想只告诉你一个人时，他就会对着你挤眉弄眼。这种挤眉弄眼是表示两人之间有一种不必言说的秘密，两人都知道这个秘密，并且还要对第三人保守这个秘密。比如，在电影中，这种情况经常出现在对立的两派人物之间。两个帮派谈判时，一方大哥感觉快要谈崩了，双方估计会动起手，不如先下手为强，于是就会给手下的小弟使个眼色。小弟看到大哥的眼色就像收到命令一样，立刻开始行动。在这里，挤眉弄眼就是一种传递秘密的行为。

挤眉弄眼还表示两人间的某种默契。它所传达的信息是，你和我此刻所拥有的秘密，其他任何人都无从得知。在社交场合，两个朋友之间挤眼，是表示他们对某项主题有共同的感受或看法。两个陌生人之间若挤眼，则有强烈的挑逗意味。由于挤眼含有两人之间的不足为外人道的默契，自然会使第三者产生被疏远的感觉。因此，不管是偷偷地进行还是公然地进行，这种举动都被一些重礼貌的人视为失态。在社交场合，这种行为是不可取的。

频繁眨眼来暗示信息的动作属于下意识的行为，是人们的大脑企图阻止眼前的人进入自己视线的一种防卫。眨眼有时是对他人的一种暗示：我们可以怎么做，要怎么做。有时是对他人的一种厌倦：你很无趣，还是快停止吧。有时眨眼还是一种高人一等、表现自己魅力的工具。如果某人频繁对你眨眼，且每次眨眼时眼睛会闭上两到三秒钟甚至更长的时间，那么，不用怀疑，他其实正希望你赶快从他的视线中消失，即使那一刻他依旧堆满笑容地在对你滔滔不绝。不要等到对方的眼睛闭起，才发现真相。如果他的眼睛一直闭着，那就表示他的头脑里已经完全没有考虑你的存在了。

在和别人交谈的过程中，如果发现对方眨眼的频率变得很拖沓，那就意味着你的表现不够精彩，需要采取新的策略激发对方的兴趣。如果你认为对方这样做仅仅是出于高傲，那么你不妨给予这样的回敬：当他第三次或者第四次长时间闭眼睛时，快速地向左或者向右移动一步。这样，当他再度睁开眼睛时，就会产生错觉，以为你消失不见了；继而又在旁边突然看到你，这一定会把他吓得不轻。

生活中，当你遇到有谁在跟你挤眉弄眼的时候，可能是他在向你示意什么，或是示意你不要动，或是示意你不要说话等。通常，挤眉弄眼都是在关系比较好的人之间私下里进行，如果在社交场合也这样做的话，则会给人一种猥琐小人的印象，不利于树立你自身的形象。

4. 有躲闪眼神的人很怕受伤害

有躲闪眼神的人习惯斜视。眼睛斜视是他们在以谨慎的态度来估计周围的环境，这种人大多不愿意让别人察觉到自己真实的情绪。他向旁边看去，避免和别人的正面接触，是为了隐藏自己的内心想法，这是一种自我保护的方式，以此来提醒陌生人：我正在用戒备的目光评估你及其他人。

某部门新来了一个同事，主任领着他参观。新同事看上去衣着整齐，一身崭新的西装加一双擦得锃亮的皮鞋，说明他很重视自己给别人的第一印象。老员工都热情地同他打招呼，但他似乎有点儿不太适应，每次做自我介绍或者听别人进行自我介绍时，总是眼神飘忽地看向远方。

主任和新同事刚一离开，与他打过招呼的刘大姐就有点儿气不过了，她抱怨道："我怎么觉得他是谁都看不上的样子，他以为自己是老总啊，贼眉鼠眼地总是看别处，个子高了不起啊，我要个子高也能想看哪里就看哪里。"听了刘大姐的话，大家都哈哈大笑起来。

其实拥有这种躲闪型眼神的人，并不一定是自我感觉良好，相反，他们常常不自信，并因此对周围的一切人和事情都带有怀疑态度。那些看起来投向四周的目光其实是带着戒备和瞪视的性质。他们不敢与对话者直视，不想有太多目光接触，担心因此而被他人了解更多，或被看到什么自认为显而易见的缺点，从而避免遭受不必要的伤害。这也是多疑的人经常有斜视和躲闪的眼神的原因之一。

躲闪目光是屈服的表示，几乎所有的灵长类动物都认同这一肢体语言。在遭遇潜在威胁时，人类也会采取躲闪的姿势来降低危险性，比如会尽可能地缩紧身体，蜷曲双腿，脚踝紧扣小腿，并且目光顺从地转向一旁。这些姿势会让攻击者的大脑发出“解除攻击”的指令，于是被攻击者便可以凭借屈服的姿态免遭厄运。

这种四处张望的眼神像流水般游移不定，在其背后一般都是在躲避被亲近与解读。躲闪的眼神往往是极度缺乏安全感的人才会表现出来的。躲闪的眼神传达的信息可能有两种：一种是聪明而谨小慎微；一种是深谋内藏，又怕别人窥探。说话时眼神闪烁不定者，一般表示精神的不稳定。据一些法律资料显示，犯罪者在坦承罪状之前一般都会有这样的状态。他们眼神游移，目光闪烁，总是回避询问者的视线，这大抵是心中藏有某事或有所愧疚所致。

当我们跟某个人说话时，看到对方眼神游移，就需注意一下是否有什么言语令对方不安。如果是，要注意尽可能地减少误解；如果不是，那要注意有可能是他心里隐瞒了什么事，也可能是他正打什么坏主意。跟这样的人打交道，我们应格外当心，以免吃亏。

如果是关系比较亲密的异性，眼神的游移可能还代表着其他含意。或许是他(她)在犹豫，也或许是他(她)心中慌张。此时，你不妨制造一点小幽默，或者自我解嘲一番，以缓解两人之间的谈话气氛，让双方在心理上放松，这样更有利于感情的交流。

5. 低头同时眼神上扬的人很自信

和前面说的说话时眼睛向右看的情况不同，如果有人在低头的时候抬起眼睛往上看，代表的是一种自信，或是一种顺从谦恭。

一般来说，女人的这种姿势对男人具有很大的吸引力，因为这样的姿势会让女人的眼睛显得更大，从而让女人看起来像个孩子，非常惹人疼爱。

某电视台相亲节目中，男嘉宾迎来了一位女嘉宾。这位女嘉宾一上场就微微低着头，即使主持人要求她抬起头对坐在对面的男嘉宾观察一下，她也只是保持这种姿势，微微抬眼看了一下。坐在观众席里的人有的开始打呼哨，不满意女嘉宾看起来有点儿扭捏的情形。但令人出乎意料的是，进入男嘉宾投票环节，二十位男嘉宾里有十八个人把好感票投给了这位“稍显扭捏”的女嘉宾。

为什么会有这样意外的结果呢？主持人采访现场投票的男嘉宾后发现，这些男嘉宾对这位女嘉宾的印象百分之九十都是“眼睛很大，楚楚可怜，惹人疼爱”。

其实，上述案例中的女嘉宾很自信，且很懂得如何让异性对自己产生好感。那究竟为什么男性偏好这样的姿势？为什么这样的姿势会让人显得更加温顺，更富有魅力呢？

这种心理反应可以这样解释：小孩的身高比成年人矮得多，所以在看成年人时必须抬起眼睛往上看。久而久之，不管是男人还是女人，都会被类似这种仰视的目光激发出类似于父母般的情感反应。

在婚姻遭遇危机时，英国的戴安娜王妃就用“眼睛向上看”的姿势博得全世界的同情。她的标准姿势是这样的：下巴微微内收，抬起眼睛向上看，露出纤细的脖子。这个姿势几乎已经被戴安娜王妃艺术化了。这种像孩子般的姿势触发了成千上万人的怜爱之情，特别是当人们认为戴安娜王妃遭到英国王室的攻击时，更是希望能像父母一样保护她。这样一种表示顺从的姿势，人们平时并不会有意识地去练习。但是大家心里都清楚，只要做出这样的姿势就会收到预期的效果。

玛丽莲·梦露堪称女性性感形象的大师。她知道，至少是在潜意识里知道，什么样的肢体语言能够让男人无法招架——在垂下眼皮的同时抬起眉毛，目光往上看，嘴唇微张。几个世纪以来，女人都用这种姿势展现既性感又顺从的形象，这样的姿势已经成为性感女神的标签。当然不仅仅是炯炯有神的眼睛造就了这个姿势的魅力，眉毛和眼睑之间变宽的距离也功不可没。

现在，越来越多的人知道，在与人交往中有90%的非语言信息来自面部，眼、眉、口、鼻及面部肌肉的细微变化都会表达不同的含意。眼睛则集中了面部表情的大部分信息，从眼神中有时可以判断一个人是坦然还是心虚，是诚恳还是伪善。如果你想让自己变得非常有魅力，不妨多试试低头同时眼神上扬这种姿势。

6. 长久的注视是希望得到更多的信息

为什么有很多人相亲次数很多，成功率却很低？曾经火爆一时的八分钟约会为何成功率不高？调查统计表明：很多人第一眼印象都执着于对方的穿着打扮与谈吐气质，只有少部分人会在坐定之后注重与对方进行目光交流，这样的“貌合”“神离”是让彼此错失更多机会的重要原因。

一家婚介所做了这样一个调查：告诉所有参加相亲约会的男人和女人，约会对象跟他们的个性非常投合，他们一定会玩得很开心，而且还会找到中意的伴侣。同时，对每个男人都做了一个特别说明：他的约会对象有只眼睛在孩提时代受过伤，而且这只眼睛至今都有点不太灵便，女孩对这一点也特别敏感。并告诉男人，具体是哪只眼睛受过伤组织者也不清楚，但是如果凑近了观察，应该还是能发现。

然后，婚介所的调查者展开了有趣的统计后发现，在长达两小时的见面会中，所有的男人都花费了整个晚上的时间来用心观察对方的眼睛，想要认出哪只眼睛曾经受过伤。当然，这种努力自然是徒劳无功的。可是，这样的安排却促成了相当不错的结果，约会男女享受了十分亲密而浪漫的速配过程，而且乐意再次约会的比例非常高，比婚介机构往常的平均记录高出了200%。

调查结果表明：长久的注视会激发亲密的情感。这个结果同样适用于职场。通常，员工会避开与老板直接目光接触的任何机会，开会时大部分人都低头或者左右来回交流，很少直视老板。他们中大多数人认为与老板直视很尴尬，同时可能也会带来些小麻烦，比如看穿自己并没有真正投入开会或者倾听。但事实证明，那些在工作中经常抬头注视老板，与老板有良好的眼神交流的员工，对工作有更高的热情和更好的理解力。同时，老板也对这些员工有更高的记忆力和认同度。原因很简单：一定程度的注视确实会激发彼此亲密的感情，即使他是你恨得牙痒痒的老板。

不过，可千万不要因此而误解这种“目光交流”。很多人都曾经听到过这样的教导，在推销或是应聘的场合，应该从见到对方的第一眼开始就始终和对方保持积极的目光交流，直到自己落座为止。但是这种做法却会给会见者和访客都造成麻烦，因为这违反了我们和陌生人第一次见面的一般行为习惯。事实上，无论是谁，在第一次见到陌生人时，都会先打量这个人的头发、双腿、身材以及整体的精神面貌。所以，如果一开始就执着地与对方进行目光交流，就会限制彼此的视线。这样做的结果就是，希望了解你的人不得不在谈话的过程中，不断地偷瞄你身体的其他部位，同时又因为担心被发现而变得心烦意乱，甚至无法专注于谈话的主题。

很多人对这一点感到非常失望，认为这样的情况不应该发生在这个注重效率与经验的社会。但是不管人们高兴与否，事实就是事实，隐形摄像机所记录的大量商务会谈场面都证明一个人在面对他人时总是难以管住自己的眼睛。当一个人走出房间时，所有人都会不自觉地注视着对方的背影，即使他们并不喜欢这个人的长相、谈吐及其他。

一个记录还显示，会见者，不论男人还是女人，在初次见到访客时，也会走同样的流程。只不过如果是女人，她的上下打量不容易被人察觉。在接待相貌不佳、穿戴庸俗的女性访客时，女人往往比男人更加苛刻。而且，女人在面试男性求职者时，不仅会留意男人头发的长度、衣服的款式和搭配，还会观察男人裤子的褶皱和皮鞋的光泽。当应聘者走出房间时，女面试官甚至会留心应聘者鞋底的磨损情况，相信对这一点大部分男面试官根本不会注意到。

了解了人们在初次见面时的一般行为习惯后，我们就可以总结出一些应对策略了。当你参加一个商务会谈时，在见到会见者的时候先礼貌地跟他（她）握手，然后给他（她）提供两三秒钟的时间，让他（她）可以从容地上下打量你，形成对你的总体印象。你可以利用这点时间打开自己的公文包或是文件夹，也可以整理一下可能用到的资料，或者把外套挂起来，把椅子拉得更近一点，然后抬起头来看着会见者。根据拍摄的会谈录像，我们发现这样的策略不仅能让访客给会见者带来较好的第一印象，而且有助于访客获得更好的销售成绩。

7. 东张西望的神情表示你有逃离愿望

东张西望的神情，表示你有逃离愿望。

东张西望的神情很容易让人产生不安全感，如果是工作中出现这种情况，常会认为你对当前话题或内容已经厌倦，迫切想要停止并离开。

当人们的目光上下左右四处看时，我们通常认为是在观察整个房间的事物，但实际上这是大脑在搜寻逃跑的路线。因此，东张西望的神情是人们对于眼前的人或事缺乏安全感的表现。

在一次相亲约会中，坐在张璇对面的是一个整洁的男人，一身休闲装，脚上的白球鞋甚至白得有点儿刺眼。这个人让张璇觉得非常放松，她几乎高兴地叫出来：我的 Mr. Right。但是这么良好的开始，却随着约会的继续进行而慢慢有了变化。这个男人从落座开始就在四处张望，眼神恍惚，似乎有点坐不住，虽然竭力说一些幽默的话逗张璇笑，但是双腿不停抖动，总是在张璇正说话时忽然就扭头看路过的食客。

这令张璇感到很不愉快，她觉得自己没有受到重视，于是借去卫生间的时候她仔细地自查了一遍妆容：没有问题。自己长得又不丑，但为什么对方会是这样的表现？回到座位的时候，她听到对方在打电话："哥们儿，快来救我一下吧，我在这儿实在待不下去了，小丽的短信就没断过。"张璇这下明白了，其实不是自己有问题，而是对方的心根本不在这里。这个男人对此次约会根本提不起兴趣，无心谈情说爱，只想着能赶快结束约会，逃离现场，摆脱尴尬的境地。

当一个人和自己并不喜欢的人说话时，他本能地会想要看别的地方，寻找可能摆脱这个人的办法。案例里的男人只是表现得太过明显罢了。这种东张西望想要逃离的眼神，人们也会下意识地进行掩盖，有些人有时会用揉眼睛的动作加以掩饰。如果是男人，还会用力地揉眼睛，谎说得过大时，他们还会把视线更频繁地转向别处，较多的是看地面，也有看周围景致的，为的是在说谎时避免与对方的视线接触。另有一些人会假装拿起放在手边的文件、简历或图书，边翻阅边和对方对话，这容易给粗心的人一种错觉：他对谈话很用心，但真相很可能是对方心不在焉，想快点儿结束谈话。在这方面，女人表现出了很棒的耐心和坚持，当她们感觉到厌烦的时候，你或许不会看到不耐烦的张望、翻看等动作，而多半是轻轻摸一下眼睑的下方，这简直会让那些粗心的谈话对象误以为只是随手那么一拂而已。

如果一个人老是东张西望，或是在谈话时总是不看对方的眼睛，那么我们对这个人的信任度就会急剧下降，尽管他或许只是出于害羞才这么做。

一位初出茅庐的销售员非常害羞，对面对面与客户谈产品销售的事情还不是很有经验。每次面对客户，尤其是女客户时，他的眼睛就忍不住在客户和别的地方之间游移不定。这样的做法让他的形象大打折扣，几乎所有人都会感觉他并不专注于彼此的谈话。如果是入户销售，还会被人认为有点儿贼样。所以他很少成单，工作业绩也越来越差。

直到后来，有人帮助他改掉了这种东张西望的习惯，让他不断练习集中自己的目光，把目光锁定在销售对象身上，而忽略掉害羞感或陌生感的存在。这个训练非常有效，他的业绩有了明显提升。

当然，改掉东张西望的毛病的方法并非是单一的，很多时候要因人因事而异。还有一个更重要的事实不能忽略，那就是有时人们会刻意地控制这种东张西望，因为我们大多数人都知道，目光转向其他地方是对谈话失去兴趣的表现，会让对方感受到自己逃跑的渴望。所以，不少人为了避免引起对方的不快，反而会更专注地看着这个讨厌的谈话对象，并且用紧巴巴的微笑伪装出很感兴趣的样子。这样的行为就像我们之前提过的那些撒谎者一样，都是利用增加目光相交而让自己显得更真诚可信。

当你发现对方对索然无味的话题表现得津津有味，更加专注时，就要谨慎了。说不定，他只是伪装真实感受，在向你传递一个错误的信息。

东张西望的神情，
表示你有逃离愿望

8. 说话不看人可能已经拒绝什么事

两个人彼此眼神相交，才算是真正形成了互相沟通和交流的基础。在我们和别人交谈时，有的人会带给我们舒服愉快的感觉，有的人则会令我们局促不安，甚至还有一些人会让我们觉得不可信赖。这些感觉的产生都是从眼神开始的，而且往往取决于对方注视我们的时间有多长，或者面对我们注视的目光对方有着怎样的反应，等等。

但是，如果对方说话时尽量不看你，那么意味着对方从一开始就不想和你继续深入交流，并已经决定在不想忍耐的时候立刻说出拒绝的话。

薇薇在公司工作了三年，最近因为加班的事情和主管有了矛盾。本来工作中有矛盾是很正常的事情，但是事情过后，这位主管竟然在背后悄悄打了薇薇的小报告，向总部投诉薇薇工作态度不够严谨。结果，周会的时候薇薇被点名批评了。薇薇实在是气不过，自己明明没有做什么却被人黑了一把，这口气实在难以下咽，两个人私底下在公司吵得不可开交，以至于家人、朋友、同事都跑来相劝。薇薇考虑到以后还要继续在此工作，总这么闹下去也不是个办法，于是决定和主管言归于好，主动退让一步。

周五下班，薇薇主动走到主管面前，汇报自己的工作情况。本想汇报完工作再邀请对方一起吃个饭。谁想到，从薇薇站在桌子前开始，主管的头就不曾抬一下，始终没有看薇薇的意思，说什么都只是“嗯啊”答应。这可让主动言和的薇薇十分郁闷，她一气之下，拿起文件夹摔门走出了办公室。

尽管薇薇态度诚恳，但是主管头也不抬的动作却已经显示了他的拒绝态度。或者可以说，当薇薇还对和解存有希望时，她的那位小气主管已经毫不犹豫地对薇薇说了“NO”。两个人的交谈过程中，如果对方与别人目光相交的时间少于三分之二，那一般意味着他并不喜欢彼此之间的谈话，并希望随时可以结束。如果双方正在商讨一件事情，其中一人正在征求另一个人的意见，那么很有可能，自始至终拒绝眼神交流的他已经下了拒绝的决心。上述案例中的主管，很显然是并不打算与薇薇言归于好了。

说话时拒绝正视对方，一般有两种原因：一种是心有愧疚或个人有不好的隐私时，无法坦然面对对方或者担心自己被揭穿；一种是干脆觉得没有必要继续与他人接触，希望省去礼节，尽快将关系切割干净。

社会心理学和研究肢体语言技巧的专家通过调查发现：在交谈中，目光相交的长短程度差异很大，最低的只占谈话时间的25%；而最高的则是100%，也就是交谈的两个人始终处于眼神相交的状态。

目光相交时间取决于参与交谈的对象以及彼此的文化背景。如果暂且忽略文化背景，在两个人交谈时，如果A很喜欢B，那么A就会经常向B投去注视的目光。反之，如果在和别人谈话时紧张怯懦，注视对方的时间还不到三分之一，那么对方对你产生不信任感，也就没什么可奇怪的了。这同时也说明，为什么我们在商务谈判时不能戴墨镜，因为这会让对方认为我们要么是借着镜片的掩护盯着他们，要么是躲在镜片后逃避他们的目光。

还有一种人则是因为性格内向、不善交际，所以无法将视线集中在对方身上。总而言之，说话不看人的人，很可能是内心还不够自信或者不耐烦。与这样的人进行交谈时，我们要尽量发挥自己的优势，避免喋喋不休，要抓住重点，消除对方的敌意，以使谈话顺利进行。

9. 摸鼻子可能在掩饰心中的慌乱

有的人在聊天时常在鼻子下方有意无意地轻碰几下，也有的人用非常不明显的动作很快地碰一下鼻子，有时候完全让人察觉不出来。采用这种动作的人是为了掩饰心中的慌乱，或是希望转移对方的注意力，因为他们觉得其他部位更容易暴露出自己正在说谎。

某演员在接受媒体采访时，对自己做错的事情表示很惭愧。但是，细心的人发现，他在说这句忏悔词的时候不由自主地摸了一下鼻子——这是撒谎的最显著标志。

一位外国领导人被爆出丑闻，在接受法官询问时，他每 4 分钟就触摸一次鼻子，在陈述证词期间触摸鼻子的总数达到 26 次之多。为此，有人分析，与频繁触摸鼻子的情况相反，只要他诚实地回答提问，他就完全不会触摸自己的鼻子。

这样的解释很好理解，因为如果一个人正在撒谎，他就会本能地想要去遮盖谎言的源头“嘴”，但是，如果大张旗鼓地动嘴，那就太过明显了。正是因为有这样的意识，所以人就不自觉地改为用挠鼻子的方式来伪装自己，因为挠鼻子也有同样的作用，还可以让人得以安置本用来捂嘴的手。

陶陶上幼儿园不久，每天回来都很兴奋地对妈妈讲自己在幼儿园一天的生活。这天，陶陶妈妈去接陶陶放学时，接到了班主任老师的投诉，说陶陶中午不休息，硬是要在其他小朋友睡午觉的时候，自己玩过家家的游戏，老师怎么说都不听。

回家后，陶陶照例说起了自己的生活，但是绝口不提午睡时自己不休息的事情。于是妈妈问道："陶陶，中午在幼儿园睡得好吗？"陶陶眨眨眼睛，低着头对妈妈说："嗯，睡得好，陶陶可听话了。"

小朋友说谎时还不会刻意去掩盖自己的动作，可能是出于习惯或者模仿表示出了说谎的暗示，比如眨眼睛。而对于大人来说，说谎时不看人的动作有些过于刻意，所以，用摸鼻子来代替，以躲避人们质疑的眼神。此外，让人们不自觉地去碰鼻子的原因还有一个。有学者发现，当人们撒谎的时候，一种名为儿茶酚胺的化学物质就会释放出来，从而引起鼻腔内部的海绵体结构膨胀数毫米，说谎者会觉得鼻子不舒服，便不经意地触摸它。

不过，当一个人处在不安、焦虑或者愤怒的情绪之中时，他的鼻腔血管同时也会膨胀。也许这能解释一下，为什么古龙小说中的大侠楚留香会有习惯性抚摩鼻子的动作。

触摸鼻子的手势一般是，手在鼻子的下边很快地摩擦几下，有时甚至只是轻触一下，几乎令人难以察觉。女人在做这个手势时比男人的动作幅度更小。如果一个人的鼻子在正常情况下发痒，那么他必须比较用力地摩擦鼻子，甚至是通过挖鼻孔才能消除刺痒的感觉，而不像触摸鼻子的手势只是轻轻一摸那么简单。

和遮住嘴巴的手势一样，说话者触摸鼻子意味着他在掩饰自己的谎话，聆听者做出这个手势则说明他对说话者的话语表示怀疑。单纯的鼻子发痒往往只会引发人们反复摩擦鼻子这个单一的手势，并且和人们整个对话的内容、频率和节奏没有任何联系。

当然，仅凭触摸一下鼻子就判断对方是在撒谎，毫无疑问是片面的。正确的做法是结合其他肢体语言进行判断，比如皱眉、闭嘴等。

10. 爱挑眉的人正试图示好

爱挑眉的人正试图示好。

一个弯眉瞪眼的人，会让你看上去一脸震惊。然而，眉毛上挑暗示你正努力表现出自己对某人或某事感兴趣。

英国的查尔斯王子和前首相布莱尔都善于借助挑眉的动作来表达自己对他人的友好。因为挑眉正是在暗示别人："我不是坏人，我对你很感兴趣，放轻松，我不会支配你的。"挑眉实际上是让别人解除戒备心理的一个办法。

挑眉不必有多明显，轻抬眉毛就是其中一种。所谓轻抬眉毛，就是在距离稍远处向人打招呼的姿势，从远古时代开始就广泛地被使用。这个动作的含意不仅通行于全世界，而且连猴子和猩猩也会用这个动作打招呼，由此可见轻抬眉毛的动作是天生的。

把眉毛快速地轻轻一抬，瞬间后又回到原位，这个动作是为了把别人的注意力引到自己的脸上，让人家明白自己正在向他问好。我们不会对擦肩而过的陌生人以及自己讨厌的人做出这个动作。

有一个小调查很有趣，实验者站在一条繁华的街道上，这条街道上有几家人流量大的小店。实验者站在门前，对每一个进出小店或者路过的人都做出轻抬眉毛的动作，先是看着对方轻轻微笑，然后利索地抖抖自己的眉毛，被这种眉毛礼节打动的人占多数：他们大多发出会心的微笑，同时回报以同样的挑眉动作。小孩子会欢欣雀跃地跑过来揪揪实验者的衣服，表达自己快乐的心情。有一些买了东西出来的顾客甚至会停下来和实验者展开一段谈话："这家小店是你的吗？""你看起来真有趣，我们能合个影吗？"实验者也很愉快，在这条拥堵的街道上，尽管他占去了一个人通行的位置，但是他的挑眉动作帮他迎来了一堆友善的朋友。

运用好挑眉动作还能为女性带来更好的异性缘。因为提升眉毛的动作会让人觉得做出这一动作的人有一种顺从的感觉，如果是男人会觉得她很有魅力，想要和她交谈一下，想知道她的喜好。这方面最有名的例子应该是玛丽莲·梦露，高挑的眉毛让她显示出百依百顺的姿态。现代社会，有很多女人会把眉毛拔除，然后用眉笔重新画出眉形。这是为了让眉毛显得更高挑，显示出顺从的姿态，因为潜意识里她们知道，这样更能吸引男人。而男人如果修剪眉形的话，肯定会从眉毛最高的部分开始修剪。他们会把眉毛修得更低，让眼睛显得更窄，制造出一种更有威严感的效果。

没错，现在你已经掌握了一种行之有效的交朋友的好方法：如果你喜欢某人，不妨试试向他轻抬一下眉毛；如果你想让他喜欢你，还是向他轻抬眉毛，这可是一条黄金准则。

爱挑眉的人
正试图示好

11. 皱眉的人随时可能爆炸

皱眉是一种控制力的表现，通常男人会这么做，表示他要告诉别人："我可能在考虑你说的，但一切由我定夺。"

因精神压力大，工作业绩不理想，在北京一家外企做经理的吴先生，每日眉头紧锁，心事重重，即使是吃饭的时候也不时长吁短叹。本以为这只是自己心情的一个发泄，但令吴先生没想到的是，在日前的一次半年工作总结会上，他因"表情"不好，遭到领导的批评。原因是，近期连续有员工反映，吴先生整天黑着脸，使办公室变得"暗无天日"，导致他们内心压力倍增，从而影响工作效率。

现代社会每个人面临的工作、生活压力都很大，容易积攒一些负面情绪。尤其是身居要职的部门领导，如果没有稳定的心理素质，很容易把自己的情绪在办公室里释放，比如在同事面前唉声叹气、眉头紧锁。可以肯定的是，这种负面情绪会传染给他人，让气氛变得压抑。

皱眉也分两种情形：防护性皱眉和侵略性皱眉。防护性皱眉是眉毛自主保护眼睛不受外来伤害的举动，这种皱眉通常会伴随着眼睛下部的面颊往上挤的动作，同时眼睛仍可睁开。当人突然遇到强光刺激或者有强烈的情绪反应时，会有这种自卫性的退避反应。侵略性皱眉和前者相比有些许不同，两者都有防护的出发点，但当人表现出侵略性皱眉时，皱起的眉毛会略向外分开，造成眉间皮肤的伸展，把短而垂直的皱纹拉平，同时整个前额的皮肤挤紧向上，造成水平方向的长条皱纹。这种皱眉通常出现在有厌烦、反对等情绪时。

上班高峰，地铁里显得异常拥挤，每一个人都要使劲儿往前挤才能把自己塞进拥挤的车厢里。一个男孩儿不小心踩了一个女孩儿的脚，他有点儿不好意思，赶忙说了声对不起。但没想到这个女孩儿却不依不饶，开始破口大骂："你没长眼睛啊，挤什么挤……"男孩儿涨红了脸，没说话。旁边的人都在劝女孩儿："少说一句吧，人家都道歉了。"但是女孩儿似乎没听到，依然骂个不停。地铁停了一站，继续前行，又停了一站，又继续前行，女孩儿一直在抱怨，男孩儿开始时涨红的脸慢慢恢复了正常颜色，却横眉立目，仔细看能发现他的眉头正越皱越紧。

当女孩儿一边看手机一边持续抱怨时，男孩儿突然始料未及地伸出手使劲儿打了女孩儿一巴掌。啪！整节车厢一下子就安静了下来。皱眉是人情绪不佳的常有表现，当眉头越锁越紧的时候，也就是其内心压力积聚到一定程度、面临爆发的时候。故事里的女孩儿不停地抱怨和咒骂，让好脾气的男孩儿最终忍无可忍，暴力相向。其实如果女孩儿聪明，稍微注意下对方的表情，适可而止，就可以避免矛盾的发生。

皱眉属于情绪管理中的一个重要内容，如果一个人常常习惯性皱眉，不妨检讨一下自己最近的情绪。如果心情偶尔不好，可尝试通过做深呼吸、眺望远方、喝水等动作来缓解情绪，偶尔皱眉不要紧，毕竟这是人们表达内心情绪的一种方式；但如果常常皱眉，则说明人内心的不良情绪正在积压，不及时释放，很可能因一件小事的触动而引来大爆发。如果你身在多人共处的办公室，那么非常有必要控制自己，尽量减少皱眉动作，尽量学会自我排遣，把消极的情绪消灭于无形。

尽量不要皱眉，常皱眉的人心情抑郁且常会失去机会，久而久之还会在眉中形成"印堂纹"，让人觉得衰老并有运滞的现象。

12. 眉毛闪动表示对人友善

眉毛可以保护眼睛，其在眼睛上方形成一道屏障，既可以挡住灰尘，还可以挡住额头上的汗流进眼里。眉毛一般是不动的。如果一个人在与对方交谈时，他的眉毛做出闪动的动作：先上扬，然后在瞬间再下降，那我们可以理解为此人正在尝试对他人表示自己的友善。

李进的主要工作是销售，前不久，他遇到了一位重要的新顾客。李进和这位新顾客联系了数天，最终在关键的时候，他抓准了对方真正的意图。

一开始，李进便知道与这位新顾客有机会合作是一件非常幸运的事情，但同时他也知道要和这位新顾客打交道可不是一件容易的事情。回想起之前的种种，李进概括说："他是一位长着两道浓密的眉毛的老人，非常富有，也有点儿固执，不太容易相信人。"当他试图阐述自己的想法时，对方总能细致地驳回他的看法，这一度让李进感到很受挫，但在一次关键的会面中，他突然想到一个方法。当对方再次反驳自己时，他面带微笑，诚挚地对顾客说："您一定很清楚，您的反对意见和怀疑理由其实都不是很重要，因为它们无论如何都不能使产品贬值，也不会对您的投资产生威胁。"

这时，李进注意到，一直严肃地盯着自己的顾客眉毛微微闪动了一下，他知道自己终于成功了。果然，随后的面谈非常顺利，不久这位顾客就和他签订了合同。

眉毛闪动，表明顾客对李进所说的话很感兴趣，下意识地用眉毛的动作表示了自己对李进的友善。通常，出现闪眉动作的 5 分钟内是一个人接受新知识的最佳时机。这段时间，对方对面前的事物怀有最大的兴趣，在此期间向对方传授知识或者灌输理论是最有效果的。

眉毛闪动虽然出现的时间非常短，但却是在全世界通用的一种表示欢迎的信号，是一种对他人表示友善的行为。当一个人眉毛不自觉地开始上扬时，说明他此时的心情非常愉快，从内心赞同他人的看法，并且感觉自己和他人的关系更亲近了。值得注意的是，除非一个人特别克制，否则一般人眉毛闪动时都会伴有扬头和微笑的动作。

如果只有一边的眉毛上扬，还不能作为对对方喜悦友善的判断，因为单眉上扬通常意味着对别人的言辞和行为有疑问。如果是双眉上扬，而且上扬得很厉害，那就是百分之百地表示高兴与惊讶了。

此外，还有研究发现，小孩出现闪眉动作的频率会比成人出现的频率高数倍，且动作要比成人更为夸张，有半数以上的孩子常常会把闪眉做成挑眉，这是因为对于小孩子来说有更多的机会遇到新鲜事，因此也更有机会表现出自己的喜悦与好奇。而随着年龄的增长，人们出现闪眉动作的次数则会慢慢减少。

眉毛闪动经常出现在一般对话里作为加强语气之用，每当要强调某一个字时，眉毛就会闪动，像是在强调：“我说的这些都是很厉害的！”

总之，眉毛虽然只是人面部一个很小的部分，但其作用却很大——能在一动一静中透露出一个人的心境。

13. 轻擦耳朵可能表示已经厌烦

人的耳朵也是一本有趣的“语言”书，懂得“翻译”的人能从这小小的耳朵上发现很多“秘密”。

耳朵是人们倾听外界的一个重要工具，同时也是讲述人本身情绪想法的一个工具。值得说明的是：没有人可以三言两语揭示出“耳朵语言”的精髓和方法，我们需要用另一只耳朵——来自内心的耳朵，认真观察、倾听，才能够略知一二。

一个普通工作日的晚上，小丽正在兴致勃勃地和老公分享从单位听来、看来、猜测的各种信息。说着说着，她一眼看到刚刚收拾完的客厅被老公搞得乱七八糟，于是立刻转换了话题，开始说老公如何笨手笨脚。小丽的老公似乎是见惯了这种暴风雨似的转变和打击，坐在沙发上抱着一副“任你磨破嘴皮，我不吭一声”的战斗态度，一边“虚心”接受批评，一边看电视。

从搞乱客厅，到不知道动手收拾家里的卫生，又到自我仪表的管理粗糙，小丽越说越精神，越精神说得越多。刚才还一直淡定的老公渐渐坐不住了，他耐着性子抬起右手挠了挠后脑勺，轻轻摩擦起了自己的耳垂。

轻擦耳朵的手势通常表示人正试图阻止自己已感到厌烦的谈话。看来不管男人耐性有多好，面对妻子的喋喋不休也无法始终如一地保持淡定。

大家都知道，小孩子如果不想听大人说话，会淘气地用双手堵住耳朵，再借机跑开，轻擦耳朵这一动作其实与此异曲同工，只不过它更多发生在成年人身上。成年人因为出于礼貌，一般不会像小孩子一样直接在别人面前堵住耳朵，但是又无法对已经厌烦的谈话置之不理，于是就把双手堵住耳朵的动作慢慢地转换为用手轻擦耳朵。

为什么人在厌烦时会选择用手擦耳朵呢？这是因为耳朵上密布着人身体上很多重要的穴位，当人感到厌烦或者担心时，伸手摸耳朵会刺激这些穴位，尤其是耳垂摸起来非常柔软，这种柔软的触感再加上对穴位的按摩很容易让人产生愉悦感。而比起堵住双耳，单手触摸耳朵明显要方便得多，因此轻擦耳朵自然就成为人缓解不安、担忧的动作之一。

会谈中，如果你发现自己的对手有这样的动作，不妨仔细注意一下：是不是正在谈论的话题有点儿无聊、枯燥，或者进行的时间已经太长，超过了他的聆听耐心范围。如果对方有这种动作且有反复，请尝试暂时中断话题，休息一下，和对方一起喝杯水或走到窗前远眺一下，帮助厌烦的对方把手从耳朵上拿下来，尝试改变他的态度。

14. 戴不同的眼镜折射不同的性格

眼镜已经成为人们日常生活中较常见与时尚的装饰，偶像明星的示范让更多人爱上了这种装扮。不一样的眼镜能为一个人的形象增添几分不一样的感觉。无论男女，无论是否年轻，越来越多的人喜欢戴上一副眼镜来展现自己的风格。

学者亚伦·皮斯就说过，眼镜之所以会产生这样的效果，是因为它给人增添了两只瞳孔巨大的“眼睛”，这种“眼睛”带来的效果就如同毛绒玩具上那种大大的眼睛一样。

女性对太阳镜的使用超出了它的一般功能，她们似乎总是擅长发掘普通用品的装饰性功能。除了太阳镜，为了矫正近视或为了保护眼睛而使用的眼镜，也早已超出了其原本的使用范围，成了具有多种功能且很有装饰意义的大众用品。有的人戴眼镜，就是为了美观或突出一种气质。

通常情况下，人们认为戴眼镜的人具有浓厚的书生气质，并且更加勤奋聪明。这种看法可能来自大部分高学历者因长久阅读而使得视力下降，需要戴眼镜。所以，学历越高的人，戴眼镜的概率越高。久而久之，眼镜便和文化内涵联系在了一起。

不同的人习惯戴不同的眼镜，不同样式的眼镜也反映出人的不同性格。喜欢戴黑胶边眼镜的人希望表现出稳重且成熟的样子，在他人面前，这种人通常表现得热爱传统。他们很清高，可惜保守且缺乏冒险精神，因此成就不大。这种人对朋友彬彬有礼，但是这样形成的友谊没有深度。

戴金丝边眼镜的人希望当别人看他们的时候，认为他们除了斯文之外，还有学者的风范。这种人喜欢追赶潮流，并且十分注重自己的外表，尤其是与朋友约会时，他们必定穿着光鲜。同时在言语之间，还会暗示自己是有身份的人，在跟别人讨论问题的时候，这种人喜欢发表一些独特的见解，以显示自己与众不同。

常戴无边眼镜的人认为自己是客观的人。面对问题的时候，他们总能够从大局着想，不会因为一些细节而影响大局。这种人总觉得自己善于用计，因此与人交往时，喜欢兜圈子。其实他们害怕被人伤害，所以千方百计不让别人接触他们真实的内心世界。

在生活中，我们可以看到很多人会做一些跟眼镜有关的小动作，比如用手扶一下似乎要滑落的眼镜。这种动作最为常见，扶眼镜是为了调整眼镜的位置，使得焦距对得更准，方便使用者更清楚地去看东西或者人。如果你的交谈对象无意识地做了这个动作，那么很可能是他对你的谈话或者对你这个人产生了兴趣。

扶眼镜可以表示感兴趣，另外几种使用眼镜的小动作却可以表达犹豫不决的心理活动。当我们要求一个人做决定时，他如果用眼镜的一脚去碰触嘴唇，或者干脆把它含在嘴里，那就证明他的内心有些不安，他还没有想好到底要不要那么做。眼镜脚对嘴唇的碰触能让他在潜意识里联想到婴幼儿时在母亲怀里吃奶的安全感。还有一种小动作是不停地擦拭眼镜，这也是为了拖延更长的时间来思考，动作者正在进行激烈的思想斗争。

所以，当你碰到用这些小动作拖延时间的人，劝导有时并没有什么作用，因为他们把注意力更多地集中到自己的小动作上，以此来拒绝你的建议。这种时候，你可以保持沉默，让他们自己更多地考虑。

第六章

口是心非：无法对你说谎的嘴

上嘴唇碰下嘴唇，说出的话可能是甜蜜的毒药，也可能是苦口的良药。一个人的学识、修养、心思可以体现在言语表达上，但绝不仅仅体现在这里。更多时候，那些华丽的言辞只不过是真正的主人“嘴唇”的一些善于变化的外衣罢了。透过这些层层的包装、遮掩，仔细看看对方天花乱坠的言辞之下的嘴唇吧，有时候你需要选择相信你看到的，拒绝轻易相信你听到的。

1. 绷紧嘴唇的人常常很严厉

绷紧嘴唇的人常常很严厉。

嘴是人的脸上运动范围最大、最富有表情变化的器官。嘴的运动能牵动脸部皮肤、眼睛、鼻子、眉毛的各种变化，所以人们通过嘴能产生丰富的表情，并且嘴的形态变化也非常引人注目。

嘴的第一大功能是吃，第二大功能就是说。有声的语言是其中一种“说”，人们通过嘴唇的变化而发出的无声的语言则是另一种“说”。在很多文学作品中，作家在刻画人物非常严肃、严厉地对待一件事或一个人时，经常这么写：“他的嘴唇绷得紧紧的，坐在那里一动不动。脸上看不到一点儿笑容。”这说明，嘴唇绷紧是人表示严肃严厉态度的一种方法。

遭遇了金融风暴后，周凯所在的公司销售业绩下滑了很多。从前每周一次得意扬扬的销售业绩会现在变成了紧张的诉苦大会，本来就不是很宽容的日本老板最近越发严苛。

周凯手下一个新业务员正在做报告，顾客数量不多，业绩不太好。但小业务员偏巧废话又多，汇报时啰里啰唆，还弄错了几个数据。周凯悄悄看了看坐在对面的老板，发现那厚厚的嘴唇绷得越来越紧，身体也越坐越直，他不禁在心里骂了一句脏话，想道：“完了，这个月准得被扣钱。”

果然，小业务员的报告刚结束，老板就立刻批评了一通，非常严厉地质疑大家到底有没有拿出认真工作的态度来为公司创造业绩，最后离开时，还不忘冷冰冰地吩咐秘书：本月奖金全体减半！

当人们开始表现出不满、焦虑时，嘴是最大的“泄密人”。习惯绷紧嘴

绷紧嘴唇的人
常常很严厉

唇的人通常都很严厉。

嘴唇绷紧时，嘴会习惯性地向外微突出，虽然看不到牙齿，但这种因为生气或不满而绷紧的嘴唇就和一些动物准备攻击的“露牙”动作有相似之处，比如小狗、小猫被惹怒，准备发起攻击行为时，就常常龇牙咧嘴宣泄自己的情绪。

平时常用力抿嘴的人和不常抿嘴的人相比，耐心可能要差一些，这也表示绷紧嘴唇极有可能是他们正在积攒不满和怒气，或许还是马上就要进行口头攻击的一种信号。

生气时把嘴唇绷得紧紧的，目的就是为了克制自己的情绪或者尽量避免受他人情绪的影响。可以预见的是，一旦这种人对不满情绪失去控制，就会有大爆发。

当然，绷紧嘴唇有时也是一种紧张和集中精神做事的表现。有时，人们绷紧的嘴唇里也暗藏了一种压抑的悲伤情绪，比如很多小说里在描写到人物非常难过但是又无法宣泄时，也会用“他绷紧了嘴唇，强忍住眼泪”这样的说法。我们在判断时，需要具体问题具体分析。

如果自己周围有习惯性用力抿嘴的人，我们建议你不妨经常劝告对方放松一下，提醒对方经常说些语气和缓的话，帮助他把正在逐步积攒的不良情绪提前发泄掉。

2. 嘴角上翘可能是满意也可能是蔑视

据说拥有嘴角上翘的脸是标准的桃花脸，因为天生嘴角上翘的人即使并没有做出微笑的表情，看起来也很像是在对人淡淡微笑，这很容易让人理解为友善的表达，因此具有非凡的魅力。仔细观察一些明星，他们就常常做出嘴角上翘的动作，来展现自己的亲和力。也正因为如此，生活中我们习惯用“嘴角向上”这样的描述来形容轻松愉悦的微笑。但如果对方双唇紧闭，只有左嘴角上翘，那你就要小心了，那可不是满意的表现，而代表了一种蔑视。

小郭在单位是个普通职员，别看没有官职，但也属于一个风云人物：省长来视察，主任点名让小郭陪同；市长来开会，看了小郭做的报告，又对主任夸奖小伙子有潜力，是个人才……总之大事小事总少不了小郭的身影。

副主任调职，职位空出来了，大家私底下都在议论谁能轮上去。说来说去目光集中到了两个人身上：小郭和秘书金莉莉。金莉莉是秘书，人长得很漂亮，做事干脆利落。

副主任人选能是谁？小郭觉得自己是不二人选，至于金莉莉，那根本不是对手。于是小郭在金莉莉面前开始表现得很傲气，有事儿没事儿就以副主任的姿态指手画脚一番，金莉莉倒是从来不拒绝，闭着嘴做出一副微笑的样子，不少人都以为小姑娘已经处于下风了，只有金莉莉的朋友小欧知道，金莉莉打心眼里看不起小郭的跋扈。仔细看看金莉莉每次微笑的表情，会发现她的微笑通常都紧闭双唇，五官紧缩，嘴角上翘看起来是在微笑，可是明显左嘴角上翘的幅度要大一些，而且每次说话时颈部以上都会微微向后移动，这种表情明显是轻蔑与不屑。虽然隐藏得很好，但是厌恶的情绪却在不经意间流露了出来。为什么这么说呢？因为真正的嘴角上翘会牵扯从鼻子到嘴角的皱纹，还包括眼睛周围的笑纹，而蔑视的上翘是看不到这些的。

如果你感觉到和自己对话的人面部表情越来越僵硬，嘴角在上扬，却感觉不到笑的张力，那证明他的心情正在变糟，对你的好感正在逐步下跌。

在工作中，常常能做出嘴角上翘动作的人多拥有做秘书的能力，善于处理繁杂的事务，而且往往面对的事情越繁杂他们越会感觉有趣。与此同时，他们具有很好的口才，如果和他们对话的人不能在气场上压过他们，不能让他们感受到丰富的学识、快速的反应力，那他们通常都会以这种小动作来表达自己的不屑。他们不会直接发表意见或者做得非常明显，因为这种人自视很高，不愿意为这种事情而无谓地惹怒他人。

由此可见，下次当我们碰到喜欢嘴角上翘的人时，要谨慎了，千万别给一点儿阳光就忘乎所以，觉得自己无所不能了，小心对方可能正在源源不断地流露着对你的蔑视呢。

3. 捂嘴的人可能是在撒谎也可能是自卑

不自觉地摸脖子、舔嘴唇、捂嘴等小动作透露出人们对自己的表现有些不自信，潜意识里希望借助小动作来掩饰自己的紧张情绪。其中，说话时偶尔用手轻轻捂嘴，还说明那个人有可能正在撒谎。某人私生活不检点，与多位异性保持不正当关系，还拍摄了大量私密照片。结果不小心这些照片大量流出，对很多人都造成了很大的伤害。事发后此人被检举，在法庭上他主动要求向受害者道歉，短短几分钟的发言里，他一直表示：希望受害人尽快忘掉此事，重新回到健康和开心的生活中。似乎是为了表示自己此刻沉重的心情，他抬起手轻轻捂了捂嘴唇，当再次说“对不起”时，他顺便舔了舔嘴唇。

用手捂嘴巴，是为了阻止嘴的活动给别人过分明显的暗示，是种掩盖撒谎的行为。嘴还是发声的主要器官，捂嘴一定程度上也是为了掩饰内心的不安，因为撒谎者肯定知道撒谎不对，有可能给自己或别人带来伤害，但由于某种原因，却不得不继续编造谎言。

世界上没有完美的谎言，撒谎者总是会露出自己的马脚，捂嘴就是其中之一。下意识地用手遮住嘴巴，表示撒谎者试图抑制自己说出那些谎话。有时候人们是用几根手指或者紧握的拳头遮着嘴，意思也是一样的。还有的人会假装用咳嗽来掩饰自己遮住嘴巴的手势，相信大多数人都会有这样的经历，一些影视作品中就经常会出现这样的镜头：某大亨在讲预先编造好的谎言时会假装镇定沉着地用拳头捂住自己的嘴，一些对真相的慌乱的掩盖则大多会伴以严重的咳嗽试图转移他人的注意力。

察觉到这个动作的人都会感觉出做这个动作的人有点儿鬼鬼祟祟的。同样，如果你发现在自己说话的时候，其他人无意间捂着自己的嘴，那很有可能表示你所说的话他们并不相信，可能人家认为你隐瞒了一些事情。如果对方没有捂嘴，而是做出了双臂在胸前交叉的动作，这种拒绝接受的姿势也可能与捂嘴的手势有相同的含意。

如果遇到这种情况，你该怎么办？我们的建议是：你应该立刻停止讲话并且询问："是否有什么问题？"或者用更委婉的话来调节下气氛。比如："我发现有的朋友不太赞同我的观点，欢迎大家各抒己见，说一说，让我们一起讨论一下。"转移倾听的重点，让倾听者提出自己的见解，让持怀疑态度的人有机会来解释一下自己的想法，同时也给自己一个机会回答别人的问题。

用手遮住嘴巴就如同把食指竖立在嘴唇前说"嘘"的手势，是一种表示非礼勿言、不得罪人的手势。这个"嘘"的手势是提醒别人不要随便说出自己的真实想法，如果是别人对你做出这一手势，他肯定对你有所隐瞒。

那些习惯在笑的时候捂嘴的人大多性格内向、保守，甚至有点自闭，因为他们不敢过多暴露自己，如果是女人会表现得很温柔。但与撒谎有点儿相似，这种人一般不会轻易向别人吐露自己的真实想法，即使对方是自己的亲朋好友。如果对方是个陌生人，则会存有相当大的戒心。

另外，捂嘴笑的人在恋爱的时候不够大方，他不会很明白地表示出来人家约他好还是不好，就连笑也要掩饰住。至于到底答不答应或者要不要主动约人家，在态度方面也表现得不够大方，因为他天生就不够自信。他可能会在有选择或有矛盾时顺从对方，尤其是当他面对的是比较喜欢而又比较强势的人时。

不管怎样，生活中当你与经常捂嘴笑的人来往时，要谨慎一些，如果对方是女性，则要注意态度要更温和一些。

4. 嘴巴以下瘦削坚硬的人比较倔强

无论是漫画还是电影，人们似乎已经习惯了用拥有瘦削坚硬的下巴的人物形象来指代性格很不容易改变的人。就通常意义而言，下巴并不属于五官范围之列，但它对脸部的轮廓线条却有着很深的影响。下巴与嘴巴紧密相连，一张完整的脸，即使五官平平，如果有一个线条非常流畅而均衡的下巴，也会给人清朗悦目之感。但是如果下巴有外形缺陷，太粗、太尖、太短都会破坏脸部的整体形象，显得五官没有神采。

理想的下巴约占整个脸长的六分之一，从侧面看，与眉心在同一垂直线上。过粗或过肉的下巴会让人显得臃肿，大部分人都喜欢修长的下巴，因为修长的下巴很容易显得人优雅而灵秀，但下巴过瘦过长的话，易给人以冷傲、矜持、缺乏亲和力的感觉。这也很容易理解，因为通常来说，下巴瘦削坚硬的人都比较倔强，性格里有争强好胜的特征。所以，拥有瘦削下巴的男性看起来更加坚毅和强势。

为什么下巴与人的性格有如此的联系呢？研究发现，攻击性越强的人，其睾丸酮含量就越大，下巴也常常显得大而有力。相反，攻击性缺乏，比较容易妥协的人，其睾丸酮含量明显比前者低，下巴也往往比前者要小且圆润。通常说来，男运动员（在一定程度上包括一些女运动员）的颌骨的尺寸比平常人要大。从通常意义上讲，这种大的颌骨是与争强好胜有着某种联系的。

具有争强好胜性格的人总是突出他的下巴，这实际上就使得下巴的骨骼和肌肉变大，至少看上去显得更为突出，并常有抚摸下巴的动作。大部分人在倾听或思考的过程中，都会将一只手放在脸颊旁边，这意味着他们正处在思考当中。这其中，拥有尖下巴的人的数量也常常占得多一点。

下巴瘦削坚硬的人的性格倔强，但是他们也有突出的优点，那就是做什么事一定要达到目的，且拥有较好的创造性。

面对这类人，注意不要以硬碰硬，应学会逐步引导，慢慢沟通。可以为其暂时不同意的事情出谋划策，提供机会，帮助他处理问题，让他自己拿主意。一旦他能够理解还有更好的办法可以完成这件事，自然就会做出相应的改变。对这种人，切忌严厉指责与批评，因为对于不容易改变观点的人来说，指责与批评正是让他坚定自己看法的推动力。

5. 用指尖拨弄嘴唇的人很不安

用指尖拨弄嘴唇的人很不安。

你或许已经注意到了，当人们为了提醒别人保守一个秘密，或者希望他人保持安静的时候，会做出将食指放在嘴唇上的动作。有时在感受到压力的情况下，有些人也会以手指拨弄嘴唇的动作来寻求安慰。这些动作，几乎所有人都会做，那有什么特别的含意吗?

招聘中，王科遇到一个很有趣的面试者，每次回答问题都滔滔不绝，口才很好，说话时表情也很明朗，但就是有一个小毛病，总是说着说着就要用食指去拂拭一下嘴唇，好像嘴唇上粘了什么东西似的。他有点儿不太理解，是对方很紧张吗？但是看他口若悬河，镇定自若地回答问题，根本找不到紧张的痕迹。

尽管如此，这个面试者还是顺利通过了初试，进入了复试。复试是公司老总亲自主持，王科发现，那名有趣的面试者在复试中用手指擦拭嘴唇的动作与初试时比起来更加频繁。这下他明白了，对方看起来虽然很镇定，但还是因为层层的审核而感到不安，手指拨弄嘴唇正是他克服这种不安的小动作。

我们在与人交谈时经常会发现上述案例中提到的情况，有些人说话时常无意识地用食指或大拇指去拨弄嘴唇，看起来很像是嘴唇有点儿干燥或者正在思考问题，其实这些都是内心不安的表现。用食指及拇指的指尖来触摸嘴唇，同用手轻擦耳朵起到的作用是一样的。嘴是人说话的主要器官，用手指轻轻抚触嘴唇，可以让自己感到一种支持，嘴唇柔软的触感传递到指尖，也带给人一种放松感。

当一个人的不安感增加时，光用指尖碰嘴唇是不够的，有的人会开始用牙齿轻咬指甲及指关节，过于不安的甚至会把指甲不知不觉地咬成锯齿状。因此，如果某些人在谈话间频频用食指或大拇指来拨弄嘴唇，或者在不停地用牙齿咬手指、指甲，那说明此人正在努力克服内心的不安，力图镇定情绪。有这种习惯的人性格通常会有些焦躁，比较容易紧张，一些心理上不太成熟的人也会有这种表现。

但这个动作并不是单纯地将手指放在嘴唇上，经过调查发现，这是人们毫无意识地来回滑动或者摩擦的动作，这种无意识的安慰行为来源于人在婴儿时期的体验，是一种潜意识里对母亲怀抱的安全感的渴望。著名漫画《史努比》里就有一个这样的小孩形象，他总是离不开毯子，总是将毯子含在嘴里。

这很写实，对于幼儿来说，如果他们感到不安，可以吸吮母亲的乳头来缓解内心的恐惧，对于年长一点儿的孩子，可以将自己的拇指或者毯子含在嘴里，作为母亲乳头的替代品。但对成年人来说，那些动作明显不太合适，所以成年人就通过把手指放在嘴唇上的动作来获得一点儿支持。这么说来，你还可以将吸烟、叼着烟斗、衔着钢笔、咬眼镜架、嚼口香糖等动作同理对待。

人的每只手上共有 27 块小骨头，手部的骨头通过一个网络状的韧带结构互相连接，依靠肌肉的拉伸来完成关节的各种活动。科学家们早就已经发现，人类双手与大脑之间的神经关联远远多于人体的其他部位，双手的动作或姿态往往能够准确细致地反映出我们内心的情绪状况。与此同时，由于我们通常会将双手置于身体之前，所以手部的动作哪怕再细微，都很容易就能观察到。

在许多国家，手的一大作用就是充当“隐形的标点符号”，在谈话中起到谈话者角色转换的作用。最先使用“举手”这一动作的是意大利人和法国人。

这两个国家的人被公认为是世界上在谈话中双手使用频率最高的“手语者”。与此完全不同的是，在英国，人们普遍认为说话时手部动作过多是一种不礼貌的行为，只有那些缺乏教养的人才会这么做。

通过前面的一些描述，我们知道，大部分用手接触嘴唇的动作都与撒谎和欺骗有关，但是手指拨弄嘴唇的动作却只是内心需要安全感的一种外在表现。所以，遇到做出这个动作的人，不妨给予他承诺和保证，这将是非常积极的回应。

用指尖拨弄嘴唇的人很不安

6. 咬嘴唇的含意多多

咬嘴唇的动作是一种含意十分丰富的肢体语言。在不同的场合，人们会用它传达不同的内心状态。

有的人内心感觉紧张时会咬嘴唇，比如犯了错误的小孩在面对老师或父母时，十分内向的人需要对众人发言时，等等，都容易出现咬嘴唇的动作。之所以如此，可能与人体在紧张时的生理反应有关。

紧张时，人的心跳会加速，血液的流动会加快，流经唇部的血液也会相应增多，导致人的嘴唇出现一种微胀感或微痒感，这种热乎乎的感觉会让人下意识地去碰触它，而碰触嘴唇最简单又最隐蔽的方法，当然就是上齿轻咬下唇了。

当人们感觉焦虑时，也容易咬嘴唇。一个非常典型的例子是，在恐怖袭击事件发生后，获悉亲人在现场消息的人就下意识地咬住了嘴唇。在许多场合，只要涉及令人焦虑的事情时，人们都容易做出这个下意识的动作。据说美国前总统小布什就习惯用咬嘴唇来表达自己的紧张焦虑情绪，在一些公开场合，当所处局势让他感觉有压力时，他也会用这个小动作来掩饰自己的焦虑。

有些人在感到恼怒时，也会出现咬嘴唇的动作。最明显的例子就是在赌场，当某人不幸拿到一手烂牌时，他多会鼻子轻皱、轻咬嘴唇。如果恰好其对手是个深谙人们心理的人物，那这局对于他来说就十分危险了。

如果细心观察，你会发现运动场上的运动员们在遭遇失利时，多会做出咬嘴唇的动作。在这种场合，咬嘴唇除了表示焦虑外，也可以说是在进行自我惩罚。再比如，有些比较要强的孩子在考试考砸后，甚至会将自己的嘴唇咬出血泡或干脆咬破，这种反应都属于自我惩罚的行为。

被人误解或侮辱时，许多人也会很自然地做出咬嘴唇的动作。显然，这是人们心存不满，但又希望能够控制自身情绪的一种隐忍的表现，也可以看成是他情绪爆发的前期阶段。除了咬嘴唇外，有些人在内心紧张，感觉不安全、不舒适时，也会下意识地去咬笔杆、咬指甲等，以期获得心理安慰。这些动作可以看作咬嘴唇的变体，与其有着相似的含意。

综上所述，不难看出，咬嘴唇在一般情况下都传达了一种消极的意思，使动作执行者无形中透露出自己内心的负面情绪。正因如此，很多人都希望改掉动不动就咬嘴唇的毛病，以避免被对方看透内心。那么，如何才能改掉此类动作呢？

首先，你可以利用心理暗示。心理暗示有强大的效用，当你一遍遍地告诉自己“我不紧张，我不紧张”时，在很大程度上，你的紧张感就会被缓解。因此，针对自己最容易出现咬嘴唇动作的心理状态，你可以设计一句简短的有助于舒缓情绪的话，每逢那种心理出现时便反复默念。

其次，你可以试试心理疗法中的“系统脱敏疗法”。具体来说，你可以在每次咬嘴唇时，就强迫自己去做一个令自己不舒服又比较隐蔽的动作，如用指甲狠狠地掐自己一下，或者使劲咬一下自己的舌头等。长此以往，你就会渐渐消除这个动作。

最后，要提醒大家的是，如果你正在参加工作面试或者初次与异性约会，那么无论如何，你都要避免此类动作，不仅因为这样看起来不美观，还因为其多半传达的是一种负面信号，会让对方对你的印象大打折扣。

7. 口是心非的人正在走神

口是心非的人正在走神。

有时人们回答别人提问时反应会慢半拍，嘴上说的话和身体动作不协调。这时候你可千万不要傻傻地用同一套剧本继续演下去，应该尽快将发言权让给对方，否则对自己的宝贵时间来说可能是严重的耗损。

当你结束一段话题时，对方的反应是“啥？噢，那个啊！”“不好意思，我刚刚没听清楚……噢！然后呢？”当对方说出这类反应慢半拍又急于补救的词时，他们刚才绝对没在听你说话。

在心理学上，这些属于社交上的“自动防卫句型”，多半是因为没注意听，但为了不想让对方感到尴尬，便用这些语句企图缓解反应不过来的停顿时间。

会使用这类句型的人，虽然因为本身因素没在听你说，但对这场谈话还是抱着尊重的态度，另外挑个时间再谈，成效会不错。

有些人会频繁地和你互动，可是很奇怪，每次他们想和你互动的话题，都和你说出的议题毫不相关。例如，你刚说完产品规格，他们会兴冲冲地告诉你：“不错啊。对了！你知道吗？我昨天在路上看到一场车祸。”“你有没有看到一则新闻？”

这种类型的人常会把人带离话题，只谈自己想谈的主题，除非你能把他们正在谈的东西和你的产品挂钩，否则恐怕会一直没有交集地谈下去。

有时，走神的人可能不会用驴唇不对马嘴的语言来回答你，但他们做出的一些小动作暴露了他们正在走神的事实。有些人一边听你说话，一边手却安静不下来，一会儿抚弄桌巾，一会儿碰碰水杯，一会儿看看手机，一会儿又玩起纸或笔，他们虽然会常抬眼盯着你，但心里却觉得这场谈话真是无聊透顶，恨不得立刻就跟你说再见。

口是心非的人
正在走神

会做出这些小动作的人，基本上也不太介意你发现他们感到不耐烦，属于比较随性的性格。

当你发现对方做出这些动作时，应该主动终止谈话，也不要在现场约下次见面时间，之后再电话联络会比较好。

通常当对方不断轻轻摩擦或抓拉另一只手的指尖时，表示他们正在烦恼别的事情，心里千头万绪，很难专心听你说些什么。

大致上，抓拉右手较倾向于为目标不确切的问题而烦恼，例如为明天的会议紧张；抓拉左手则倾向于有问题或困扰正待解决，比如要替小孩准备的美术用具还没买。

相比较来说，拉右手的人分心程度会比拉左手的人更大，因为他们面对的是未知的压力，你再怎么努力想吸引他们的注意，恐怕都是徒劳无功。

旁边有人咳嗽、东西掉落、远处有刹车声，他们的视线马上转移，好像随便什么事情都比你说的话有趣。事实上，他们心里也的确是这样想的。这表示你的说服方式不是他们要的，他们很难专注地听你说完。也许你该请他们发表看法，并趁机更细心地观察他们的个性表现，否则再约几次恐怕也是同样的结果。

一般在谈话中，基于基本礼仪，很少有人会公然出神，当你发现对方大部分时间都目光无神时，几乎代表他们已经筋疲力尽，可能是心理上的疲累，也可能是体力已经耗尽，让他们连“假装”听你说话的力气都没有。如果有可能，你不妨开车送他们回家，他们会感念在心。

当然，这通常只是单一性的偶发状况，如果你正好碰到了这样的情况，我们建议你和他们改约下一次见面再继续谈主题；如果你也有点空闲，当下不妨放轻松，聊点打发时间的平常事即可。

8. 吸烟姿势展示性情

不少男士爱吸烟，从嘴叼香烟的姿势、手拿香烟的姿势中也可看出一些性格。

习惯把香烟叼在嘴里的人，心地善良，富有爱心，别人有困难一定会出手相助。他们非常热情，但是有时会有些情绪化。从外表看这类人非常积极乐观，但常有不切实际的表现，爱插嘴，因此时常上当惹麻烦。他们较少分场合，如果他们感觉不好，需要发泄，常会当场爆发，因此有时会给人留下心浮气躁的印象。

用食指和中指的第一指节夹香烟的人，一般比较爱干净，有时会格外讲究。这类人通常都比较敏感，有时难免会有比较神经质的表现。但同时，他们悟性也很高，富有灵感，构想很高明，缺点是动手能力稍差，缺少付诸实践的行动。他们细心，认真，对什么事情都很操心。虽然工作很认真，也非常有能力，但是因为缺少一定的决断力，所以不大容易被上司重用。这一类型的男士在结交女性朋友时，常表现得很有绅士风度。

与上面这种类型的人相比，有的人习惯用食指和中指的指根去夹香烟。手指空余出很长的部分。这类人多半具有积极乐观的态度，做事干净利落，有时会因节奏太快而遭人埋怨。男士富有男子汉气概，但有时会随心所欲。他们做事尽职尽责，也爱帮忙，爱管闲事，人缘比较好，往往有不达目的誓不罢休的做事风格，有进攻性，情绪外露，事情顺利时会表现得很高兴，一旦遭遇失败容易消沉。

习惯手心向外，用拇指和食指的第二指节夹香烟的男士，是社交大王。

他们天生自来熟，几乎与任何人都能说得很投机，很快成为朋友。这类人性格直率，很少拐弯抹角，也由于这样的原因，容易为自己带来麻烦。他们做事很有热情，不过有点儿虎头蛇尾，不是很有耐心，因此，遇到困难时，常常容易半途而废。这类人心地善良，容易受感动，非常富有同情心，但是有时也因此而有八卦的嫌疑。他们的嘴不太严，有时容易泄露一些秘密而引来抱怨。

手心向里，用拇指和食指的第二指节夹香烟的人，城府较深，不容易向他人坦露内心，知己不多。这类人与别人交往时，抱有很高的警觉性，常让人感觉难以接近。他们性格倔强，有时难免保守，缺乏变通，不过如果正好他们心情不错，那变通也不是问题。这种人一旦下定决心去做什么事情，就会谨慎周密地做计划，然后义无反顾地去执行，较少考虑别人的感受。

那些习惯用拇指和食指捏着香烟的人非常喜欢亲近别人，但因为有时过于敏感而让人无所适从。他们性子较急，如果一件事情反复三次以上还做不好，会变得更加烦躁，情绪有时不太稳定，比较争强好胜。这种类型的人有时会比较任性，就像还未长大的孩子，常有矛盾心理。

需要指出的是，并非一个动作反映一种心境，有时一个动作在不同的场景中，暗示的是不同的含意，或者流露的是不同的心境。我们有必要结合其他微表情，对具体问题进行具体分析。

第七章

笑看风云：不同的微笑不同的含意

笑的世界并不一定都是明媚天气、灿烂阳光，也可能是幽幽深谷、绝情黑暗。大脑指挥面部形成了各种含意甚广的微笑，这些微笑或真，或假，或诱，或害。但是，笑容还需要五官的同心协力、精诚合作。只要细心观察你就会发现微笑时五官各自的独特变化，通过这些变化就能轻易分辨出哪种笑背后是鲜花，哪种笑背后是陷阱。

1. 微笑时紧闭双唇的人拒人于千里之外

微笑时紧闭双唇的人拒人于千里之外。

一个人微笑时，如果眼睛在笑，但是嘴、面颊以及身体的其他部位并没有连带地“动”起来的话，那么，就不能把这种微笑看作是亲密的、友善的、带有诱惑性的。虽然这种微笑表面上表示着一种欢迎姿态，但是它却含有一种冷若冰霜的感觉，不许别人接近，是拒人于千里之外的态度。

在一些空中小姐或者 T 台模特的脸上就常带有这样的微笑。做出微笑的动作，但神色上却挂着醒目的警示牌：不可侵犯。双唇紧闭的微笑一般暗示了三种可能性：第一，隐藏了某个不为人知的秘密；第二，不愿意分享自己的想法、观点；第三，不喜欢对方又不想被对方知道。

有的人在微笑时会用手轻轻地半掩住嘴，或用别的什么东西掩嘴而笑，这是一种很能被人赞赏的优雅的微笑。但因为优雅，所以你可能看不到脸部其他地方的变化。这个时候就需要注意一下手的动作。仔细看一看，如果对方的手或其他物品并不是掩在嘴上，而是轻轻触摸在嘴角边的脸颊上，那么就要小心了，因为通常这样微笑的人都很有心机，有很深的城府。他不会轻易相信别人，更不会轻易地把什么事都告诉别人。这个时候所展示的微笑，只是基于礼貌和防范心理的假面具罢了。

在现代社会，有很多人会把这种表面之笑当成一种委婉的拒绝。

比如，张大妈在街上碰到了李阿姨，张大妈很高兴，她兴高采烈地和李阿姨谈起了自己的小孙子，李阿姨尽管微笑着望着张大妈，但能看出眼神游离在两人距离之外，眼睛微微做出笑的样子，但是手轻轻地放在脸颊上，脚尖朝向和张大妈相反的方向，这说明其实她并没有在听张大妈讲话，因为她没有任何应和话题的表示。李阿姨的表现就等于婉转地告诉对方：“我对你说的话一点也不感兴趣，对不起，我不想再听下去了。”

出于礼貌，李阿姨并没有抬脚就走，但是她的笑显然只是应付。虽然表面上微笑着应付，内心里却正在表示婉转的拒绝。

遇到自己不喜欢的人而又不想让对方知道这一点的时候，通常也会露出这样的笑容。在其他人看来，这种微笑其实就是一种非常明显的拒绝信号。然而，大多数当事者却很少能明白微笑背后的含意。

不过，不管怎样，笑脸中最重要的是嘴形。嘴形不同，嘴角朝的方向不同，微笑也不同。如果想让别人不当面看穿你的笑容，那就努力锻炼一下你的嘴部肌肉。嘴部肌肉跟其他部位的肌肉一样，使用得越多，越可以形成正确的移动。

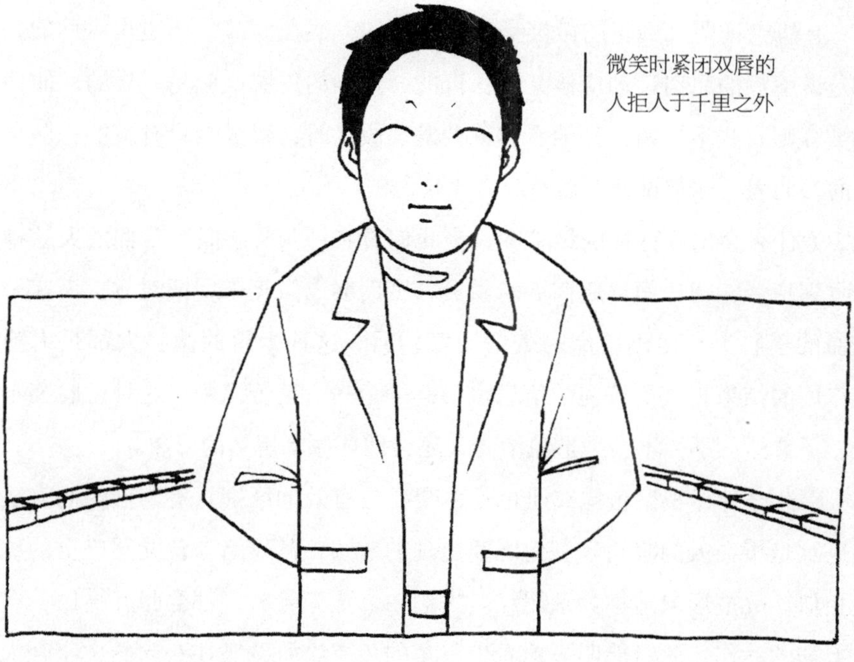

微笑时紧闭双唇的人拒人于千里之外

2. 微笑的脸不对称可能是在假笑

微笑是人类最基本的表情，而人是微笑的唯一载体，微笑时人的面部表情因嘴唇的展开、眉毛的上扬和面部肌肉整体的平缓向上而给他人带来一种愉悦舒展的感觉。微笑也分很多种，我们已经区分了一些微笑的不同，尽管你可能已经将那些文字烂熟于心，但对于真正的微笑和虚假的微笑，你可能还是分不太清楚。下面就教你一个简单但非常有效的区分方法——观察微笑是否均衡对称，仔细看鱼尾纹肌是否有变化。

有研究证明：真正的微笑是匀称均衡的，笑在面部的两边是对称的，也就是说脸颊的肌肉运动应该基本一致的，两侧的皮肤反应是一样的。而伪装的笑容则有些不均衡，仔细看你就会发现假笑时，很可能只有脸的一侧是微笑的，而另一侧却没什么表情或者比较僵硬。

为什么会出现这样的结果呢？当我们看到一张笑脸时，我们的大脑神经就收到指令，指挥面部肌肉展示微笑，因而会以微笑来回馈对方。而在一张扭曲的笑脸上，两侧脸庞的表情恰好相反。这种歪脸的微笑大都是人脑意识作用的结果，其所传递的信息也只有一个——挖苦讽刺。这种歪脸笑不真诚、不自然，不但不会为形象增光，还会破坏原来坦然的形象。

除此之外，观察鱼尾纹肌也是一个行之有效的区别真笑与假笑的方法。鱼尾纹是指在人的眼角和鬓角之间出现的皱纹，其纹路与鱼儿尾巴上的纹路很相似，故被形象地称为鱼尾纹。人们在真正微笑时，都会张开嘴巴，有嘴角上扬的动作，此时能明显地看出眼角的鱼尾纹肌是皱在一起的。年轻人可能没有鱼尾纹，但无论有没有鱼尾纹，鱼尾纹肌都是一样的。假笑时，嘴部展开的动作不自然，即使看上去和真笑时动作一样，但因为没有真正牵扯到面部肌肉，所以鱼尾纹肌不会有什么变化。

你也可以找一些明星微笑的照片看看，如果发现他们的鱼尾纹肌没有明显地皱在一起，说明那是假笑，只是为了配合拍摄摆出的姿势罢了。

绝大多数人都无法准确地区分真笑与假笑，而且只要看见有人冲我们微笑，我们大都会有一种满足感，而从来不会去思考这笑容究竟是真还是假。

因为微笑具有让人放松戒备，消除敌意的作用，所以有人常常错误地把它当成撒谎者的专利。因为这些人把微笑和谎言联系在一起，所以他们会有意识地克制自己，尽量不露出笑容。撒谎者的笑容出现速度比发自内心的真笑要快，而且持续的时间也更长，看上去就好像是戴着一个笑眯眯的面具。

如果是假笑，因为我们的左右两个半脑都希望能使笑容看起来更加真实，所以在意识的控制之下，左侧脸庞与右侧脸庞的表情并不完全相同，其中一侧的表情会显得更加夸张。控制面部表情的神经元大都集中在右半脑的大脑皮层中，而这部分大脑只能向我们的左半身发送指令。

结果，当我们刻意想在脸上堆满笑容的时候，左侧脸庞的笑容就会比右侧脸庞的更加明显。很多事实也证明，当人们撒谎时，左侧脸庞的微笑看起来会显得比右侧脸庞的更加明显。所以，我们应当结合当时的背景来思考微笑背后的含意。

如果是发自肺腑的真心微笑，因为无须刻意地假装，所以左右两个半脑向身体两侧所发送的指令就是对称的，而两侧脸庞的笑容也就不会有任何区别。这也就是说，只有在真诚地微笑时，才能够出现匀称的微笑，这种笑容让人的眼睛也一起在笑，这是人本身无法靠意识控制的、发自内心的微笑的流露。因为，分布在眼睛周围的肌肉只有在内心真正幸福时才有反应，使眼睛放出愉悦的光彩。这种微笑流露出一个人内心世界的幸福与欢乐，只有感受到生活的愉快和成功的人，才具有这种迷人的微笑。这种微笑有着感人的力量，显示了一个人对生活的满意和自信。

3. 眼睛没有笑意需谨慎对待

眼神是表达情绪、心意的一种很好的载体，尤其是微笑时，带有笑意的眼神能打开他人的心扉，传递关爱、期盼等各种微妙的心绪，所以眼神是微笑中必不可少的一个组成部分。但是如果一个人对你微笑时，你看到的只是一个机械的面部笑容，眼睛却呆滞无神，那就需要谨慎对待了。

张璇是某公司人事经理，被邀请参加一个业内较大公司的人际关系培训班结业典礼，她选择坐在前排右边，通过一段时间的观察，她发现结业的人似乎都在用一种被强化训练出来的积极热情的语言，竭力地表达自己的体会。而那位主讲教师的脸上始终挂着一个定格的笑容，怎么看怎么别扭。这个笑容并不能让张璇感到丝毫温暖，而是越看越感到一丝困惑，因为她看不清那笑容的背后到底是真诚还是客套，也无法相信那张脸的诚意，更无法被那个标准造型的笑容所感染。

热闹的典礼终于结束了，张璇准备走向那位老师做自我介绍。她走上讲台，抬起脸向对方微笑，就在双方眼睛直视的刹那，张璇突然明白：原来刚才一直困扰自己的并不是笑容，而是那双眼睛。

张璇所看到的那双眼睛，虽然一直配合着脸部做着笑的动作，但是，整体看起来高深莫测，虚实不定。当那位教师的目光扫过他人时，目光中所透露的只是一种淡淡的态度，这种不带任何笑意的眼睛和那张明朗的笑脸非常不和谐。主讲教师所表现出来的笑容并不是真正的笑，而是被强化培训出来的职业笑容。

在人类的活动中，用眼睛来表达的内容非常丰富、含蓄、微妙，眼神的力量远远超出我们用语言可以表达的内容。尽管我们身体的所有部分都在传递信息，但眼睛是最重要的，因为其传送的都是一些最微妙的信息。目光在面对面的沟通交流中起着重大的作用，它决定着你能否有效地与对方交流。一个不会运用目光沟通的人不会是个高效的交流者。

目光接触是人与人之间进行思想交流的最基本方式，无论是生气还是喜悦，无论脸部表情如何变化，如果没有目光接触，就谈不上是真正的交流。这个在交谈中显得尤为重要，所有人都明白，专注地望着别人是最明显的“倾听”信号，也是在给讲话者反馈。我们渴望听众把全部的注意力都给予自己，而目光不欺骗我们，它让我们知道，对方是否在倾听我们的谈话内容，是否在与我们进行交流，是否对我们的话题表示出很大的兴趣。全神贯注的目光让我们感到支持和力量，而微笑时真正带有笑意的眼神则会让我们真正感受到一个笑容的力量——或温暖，或鼓励，或坚强。真正的微笑能使我们对微笑者产生更美好的印象。

然而许多人却由于种种原因非常难以与人保持平稳、持久的目光接触，就如同很多腼腆的人不知应该把手放在哪里一样，他们的目光或是偏向一边，或是左顾右盼。这种躲闪的、飘忽不定的目光让我们怀疑：“他究竟在想什么？”因此，面对那些微笑时眼睛没有变化的人，我们就必须得谨慎了，千万不要给点儿笑容就灿烂，把自己的老底儿都和盘托出，不留余地。

4. 手背擦眼睛可能是拒绝或嘲笑

“睁眼说瞎话”是一个常见的俗语。这个俗语体现了一系列的身体语言，包括紧绷的牙齿、虚伪的笑容和摩擦眼睛的动作。电影演员常常用摩擦眼睛的手势表现人物的伪善。在有些国家，例如英国，当人们不想对你吐露真心时，往往也会用这个手势加以掩饰。

一位男士在泡吧时希望钓个“金龟女”，他的猎艳标准是对方的行头价值几何。一位满身名牌、气质不凡的女孩正独自坐在那里饮酒，这位男士迅速锁定目标，端着酒杯款款走过去。“嘿，你好。”这位男士用惯用的开场白自信地和对方打招呼，他故意晃了晃手里的酒杯，红色的酒在杯子里流动了起来，“独乐乐不如众乐乐，不如我们一起喝个酒啊。”

女孩抬头看了看对方，微笑了起来，继续喝着自己的酒。这位男士感觉很好，他开始给女孩讲笑话，女孩一边听一边晃动身体，笑话讲完了，她呵呵笑起来，用手背摩擦起眼睛，好像开怀大笑令眼睛里进了些脏东西，而同时她的另一只手则晃着酒杯。男主人公仿佛得到了鼓励，他放下酒杯，用手去揽女孩的腰，但是非常意外，女孩将手里的那杯酒直接泼到了他的脸上，然后在他的目瞪口呆中走开了。

女孩虽然微笑，但是却用手背轻擦眼睛，很明显女孩通过这个不经意的动作表示了对男主人公已经心生厌烦，拒绝和他进一步发展。如果男主人公能注意到这个动作，并理解它的含意，就不会遭受被泼酒的尴尬了。

当一个小孩不想看见某样东西时，他会用手遮住自己的眼睛。同样，当一个成年人看到某件令人倒胃口的事情时，他很可能做出摩擦眼睛的手势。

这是大脑通过摩擦眼睛的手势企图阻止眼睛目睹欺骗、怀疑和令人不愉快的事情，或者是避免面对那个正在遭受欺骗的人。

男人在做这个手势时往往会使劲揉搓眼睛，如果他试图掩盖一个弥天大谎，则甚至很可能把脸转向别处。

相比而言，女人更少做出摩擦眼睛的手势，她们一般只是在眼睛下方温柔地轻轻一碰，这一方面是因为淑女风范限制她们做出粗鲁的手势，另一方面也是为了避免弄花妆容。不过，和男人一样，女人撒谎时也会把脸转向一边，以躲开听话人注视的目光。

小马做推销员的第一份任务是上门拜访客户。他礼貌地敲开门，和对方打招呼。客户是位中年男子，他态度和善，一直微笑着听小马进行产品介绍。

小马一边说一边认真观察对方的神态，看到客户一直在微笑，心里高兴极了，心想：运气真不错，看这样子他应该对产品很满意，说不定最后能购买。但是在足足和客户介绍了40多分钟后，当小马满怀期望地等客户做决定时，客户却以一句暂时没有需要拒绝了，而且很快转身关门，将小马隔在了门外。

小马虽然看到了客户一直在微笑，但是他却忽略了这期间客户一直在不停地用手揉搓眼睛的动作。其实，这已经是明显在暗示：我对你的产品并不感兴趣，请你快点走开吧。作为推销员，尤其要对客户的每一个表情、神态的变化留意在心，因为那些都有可能是继续交谈或是拒绝合作的提示。精明的职场人必须抓住客户的每一个细微颤动以及表情、神态的变化，及时从变化中推测客户的心理，识别对方底线，这是知彼知己，百战不殆的一个方法。

5. 边说边笑的人人缘好

边说边笑的人人缘好。

边说边笑的人会让人觉得与他交流非常轻松愉快。这类人大都性格开朗，待人宽容，有一个好人缘，同时，比较懂得珍惜身边的人和事，较偏好平静的生活。

小宋在公司的人缘特别好，不仅同一部门的同事都喜欢和她聊天、交往，而且跨部门的很多同事也喜欢找小宋一起聊天、参加活动。所以，公司里总是能听到“小宋，小宋”的招呼声，伴随着这一声一声亲切的招呼，是小宋自己爽朗的笑声和噼里啪啦说个不停的嘴。

她总是能和大部分人打成一片，和这个人开个玩笑，和那个人聊个家长里短，其实那些聊天、活动都是很平常的内容，并没有更特别的方面，但是就是这样的一个小宋却很受大家欢迎，站在哪里都是被关注和喜欢的焦点。

小宋的人缘好在哪里？边说边笑是她好人缘的一个原因。

研究显示，人在微笑或大笑的时候，不管他是否真的有特别开心的感觉，他左半脑里的“快乐空间”都会感到兴奋，而脑电波也会因此而变得活跃起来，有研究者专门针对笑容开展了无数次研究。在其中的一次研究中，将实验人员的头部与脑电图仪相连，同时让实验人员一边观看喜剧电影，一边和周围的人进行交流，然后用仪器测量出其脑电波的活动。结果发现，边说边笑的人的脑电波以较大的幅度不断地跳动。这个研究也证实：边说边笑可以促进大脑活动，使人自发地产生快乐的感觉。

与这种人交谈时，你会被这种发自内心的快乐感染，让自己也感觉非常轻松和愉快。这种人讲话的一大特点就是，不管自己或别人的讲话是否值得笑，有时候连话都还没讲完就笑起来了。这并非是他们不在意与别人的交谈，我们只能说这种人“笑神经”特别发达。他们大都性格开朗，对生活要求不苛刻，懂得“知足常乐”，而且这种人特别富有人情味，所以，无论在什么地方，他们总有着极好的人缘，有着很好的亲和力，这为他们开拓自己的事业创造了极好的条件。

不过这类人大多喜爱平静的生活，缺乏积极向上的精神，对于特别喜欢追求发展的人来说，这类人未免会缺乏一点儿“上进心”。

边说边笑的人的另一特点是感情专一，对爱情和婚姻特别专一。如果你是他们最心爱的人，他们可以为你牺牲一切；但如果你让他们伤心透顶，他们则可能对你恨之入骨，因为他们大都对感情太过投入。

边说边笑的人
人缘好

6. 斜瞄式微笑独具魅力

斜瞄式微笑独具魅力。

很多男人都喜欢女人露出斜瞄式的微笑，因为这样的笑容不禁会让人联想到少年时的俏皮和暗藏心思。有这种微笑而著名的人当属英国的戴安娜王妃，她俏皮的微笑似乎有一种神奇的魔力，凡是见过她微笑的人，无论男女，几乎都会心悦诚服地拜倒在她的石榴裙下。戴安娜王妃全名戴安娜·弗朗西斯·斯宾塞，1961 年 7 月 1 日出生于英国诺福克一个有名望的贵族家庭，在瑞士受到了良好的教育。她成年后与英国王位继承人——查尔斯王子结婚。虽然很年轻，但是戴安娜迅速以她的善良和诚恳，尤其是独特而有魅力的笑容赢得了大众的喜欢，几乎征服了全世界。戴安娜典型的笑容是微笑时双唇紧闭，同时还低下头，歪向一侧，并且斜着眼睛向上望。就是这样的笑容为她赢得了“英格兰玫瑰”的称号，使她的知名度越来越高。

戴安娜王妃的这种微笑会让男人产生出一种想保护她的欲望，同时也让女人喜欢上她。对男人而言，这种既俏皮又有些腼腆的微笑是一种极具挑逗性的信号，也是一种鼓舞他们“向前冲”的暗示。所以，大多数女性会在求爱时使用这种微笑也就不足为奇了。现在，戴安娜王妃帅气的儿子威廉王子的脸上也常常会浮现出这样的微笑，相信除了有笼络人心的作用之外，这样俏皮的微笑恐怕也会让人们联想到他的生母吧！

在某一个相亲节目中，一起参加的十名女嘉宾中，小波的人气似乎是最高的。每一个上场的男嘉宾无一例外都会把自己的第一束花送给小波，主持人似乎也对小波偏爱有加，每次一有机会就让小波多发言。

其他女嘉宾很是费解，私下里小波在一堆姐妹里人缘也很好，可是她长相平平，并没有特别漂亮，论身材也是一般，怎么会那么有异性缘？最终还是在座的一位心理学家揭开了谜底。他说："我看着各位女嘉宾依次上场，每位上场的女嘉宾都带着自信的笑容。可是唯独给我印象最深的是小波女士。因为她的笑很特别——微低着头，抬眼向上看，紧闭着双唇，但是笑得却很有魅力。作为一名男性，我觉得她这样散发出了自然的魅力。"这位名叫小波的女嘉宾的笑容和戴安娜王妃的笑容有异曲同工之妙。其实，无论何时何地，女性都喜欢在异性面前露出这种略有些腼腆害羞的笑容，因为她知道这样做很容易引发异性体内的保护欲，使异性萌生出保护她、呵护她的念头，轻松赢得异性的心。如果你有中意的人，不妨试试这种斜瞄式的、有非凡诱惑力的微笑。

独具魅力的斜瞄式微笑

7. 随时随地大笑的人让人疑虑

随时随地大笑的人让人疑虑。

微笑和大笑通常被认为是展示幸福与开心的信号。婴儿都是哭着来到这个世界的，但是，只需要很短的时间，他们就会学会微笑和大笑。大笑声调高昂，节奏清晰，很能制造热闹气氛，固然可以令人很愉快，但是随时随地都能大笑的人，就没那么简单了。如果真的碰到这样的笑，提醒你细心观察下，因为，这样的笑颇有伪装的嫌疑。

随时随地大笑的人物代表当数曹雪芹先生在《红楼梦》中刻画的主要角色王熙凤了。在第三回中，王熙凤首次出场就被鲜活地呈现在众人面前，令人怎么也不会忘记。当时的情景是：黛玉初进贾府，正依次与众人相见，底下的人“个个皆敛声屏气，恭肃严整”，偏巧在这时就有一个人从后院边走来边笑着说：“我来迟了，不曾迎接远客！”边说边笑一下子就把这个凤辣子的形象带到人前，以至于林黛玉暗暗纳闷儿：“这来人系谁，这样放诞无礼？”这边说边笑的安排一下子把人物擅长虚与委蛇的性格十分生动地刻画了出来。

刘姥姥初进贾府时，王熙凤也是边说边笑着出场。刘姥姥是来借钱的，身为贾府管家的王熙凤，在接待一个唯唯诺诺的小户人家的老人时却笑脸相迎，这是为什么呢？王熙凤这里的笑也不是单纯的笑，而是因为她想在别人面前表现出自己平易近人的样子，对自己的一个伪装罢了。

在现代社会高压力、强竞争的环境中，人们很难拥有像儿童一样无忧无虑、宽松自然、享受生活的人生态度，大多会有缺乏安全感、突出自我、征服、贪欲、自私、放纵、残酷、悲观、消极等不健康的心态，很难会有什么事情再引起他们的大笑，更别提开怀大笑了。有一些人并不希望自己的不开心被人洞察，因此便使用了假装快乐的伪装大笑。

人在开口大笑时，嘴巴张开，下巴低垂，嘴角上扬，给人一种很开心的感觉。然而，伪装大笑时，嘴巴张开的幅度不大，看起来有些不太自然，很做作。电影《蝙蝠侠：暗夜骑士》中蝙蝠侠的死对头就钟爱这种笑容，而且喜欢利用它在观众当中营造一种快乐的氛围，但结果却常常适得其反，让听到的人感到毛骨悚然。

相比较之下，真正的放声大笑不仅能够使气氛更加融洽和谐，而且还有益身心，能够延年益寿。下次你碰到一个随时随地大笑的人时，不妨谨慎一些，仔细感受一下对方笑声里的含意。

随时随地大笑的
人让人疑虑

8. 华丽妆容后的笑有讨好之意

华丽妆容后的笑一般是指女性的笑。女性为了把自己打扮得更加漂亮，会用各种化妆手段来美化自己的容颜。

曾有一位日本学者撰文指出，常化妆的女性一生中所要使用的基本化妆品中，化妆水为 980 升，营养霜膏为 25 千克，其他各类霜膏为 125 千克，营养乳液为 25 升，口红 400 克。这组数字，足以令男性大吃一惊。

那么，女人为什么要化妆呢？

自古就有“女为悦己者容”的说法，女性为了获得异性的欣赏，会用化妆的手段来弥补自己的面部缺陷，让自己看起来更美。

比如，丈夫和妻子要一同出席一个酒会，时间快来不及了，但妻子还在化妆。丈夫在一旁焦急地等待，看着她把各种粉末、各种液体、各种颜色不厌其烦地一层一层涂抹到脸上，又用各种器具在脸上左右开弓。丈夫不禁感叹说：“女人真是爱面子不怕麻烦。”

其实，丈夫的认识错了，女人并非只是单纯地爱面子，更深层的意义上说大部分的化妆都是为了取悦异性。所以，男人才是女人不厌其烦折腾妆容背后的“罪魁祸首”。但是有人可能发现，即使没有异性，只有女人参加的集会场合，很多女人也一样要涂脂抹粉，把自己装扮得非常漂亮，盛装出席。这又是为什么呢？参与调查了多项活动的心理学家给出了答案：女性之所以在女性面前盛装出席，是因为女性也有获得同性赞赏的需求。此外，让自己获得内心的满足也是女性化妆的目的之一。

正因为这样的需求所在，所以微表情专家能从一个人的妆容中分析出当事人那时的情绪与心理变化。

喜欢化妆的女人，尤其是喜欢化淡妆的女人，虽然并不要求别人能发现自己，但是也有希望给有幸或偶然间邂逅的人留下好印象的小心思。尽管她们当中大部分人没有太强的表现欲望，化妆也只是要求能过得去，简单地涂抹一下，使自己不至于太难看就行。但不可否认，这类女人大多比较聪明，充满智慧与理性，她们虽然不会轻易将时间和精力浪费在梳妆台前，但也希望通过简单的妆容赢得别人的尊重、支持和理解。这类女人通常都比较独立，敢闯敢拼，所以大多能获得成功；她们大都能保守秘密，甚至会珍藏一生也不向他人透露。

那些喜欢浓妆的人的性格则与喜欢淡妆的人完全相反，她们通常表现欲很强，能够耐心地完成复杂又麻烦的化妆工作，并忍受痛苦用各式工具修饰五官，因为她们只有一个目的，那就是用最显著的方式、最大限度地赢得他人的关注。尤其是那些她们倾心的异性的欣赏往往使她们心甜如蜜，使她们更加执着于对妆容的追求和投入。前卫和开放是浓妆女人典型的思想特征，虽然讨好意味强烈，但一点儿也不影响她们的个人魅力——大胆、偏激、热情、真诚、自重，同时尊重他人。

和前面两种同样有讨好心思但不同表现的人相比，还有一类人则倾向于化妆时特别在意某一处。这样的人通常对自己有相当清楚的认识，非常了解自己的长处和短处，她们清楚，想要让别人对自己产生百分之百的好感，就必须扬长避短。这类女人非常有自信，她们讨好的妆容充满了更多展示自己风采的意味。这类女人坚信付出就会有回报，所以会脚踏实地为自己的目标奋斗。把化妆看作是一种着重突出自己优点的简单手段的女人很讲究实际，注重现实，比较理性，会现实地对待生活中可能出现的各种意外，她们基本上不会长期沉浸于虚无缥缈的幻想之中。相反，遇事冷静沉着，对事情的判断坚决果断是她们最明显的特点之一。不过这类人也有一个弱点，那就是往往不能纵观全局，这常常导致她们付出了大量的辛苦努力却换不回相应的收获。还有的人喜欢化怪妆，喜欢尝试冷门造型，比如大面积甚至有点儿吓人的烟熏妆、怪异的唇膏颜色、夸张的妆容对比带来的强烈视觉冲击等。

喜欢化如此怪妆的人往往亲身试验种种怪妆，通过尝试怪异的造型宣泄自己的情绪，以这种相反的方式赢得他人的注意。这类人通常具有强烈的反抗心理。

由上述可见，不管是淡妆、浓妆还是怪异妆容，都不排除有讨好他人亮出自己的意向，只是在展示自己的程度上略有区别罢了。因此，女性不妨灵活变换一下自己的妆容，争取在不同场合都能正确且有效地吸引他人的目光，获取关注。比如，如果约会或工作上有重要的提案要进行的时候，应该略化一些浓妆，因为浓妆可以让你看起来光彩照人，充满干劲。心理学家的研究表明，化比平常浓的彩妆，会提高自信心与满足感，变得活跃、具攻击性，也变得较具社交性。不过，浓妆不宜过浓，也不宜过频繁，因为心理学家同时发现，浓妆也容易让人的情绪变得焦躁多变，这是因为“浓妆让人时刻注意到和平常的自己不同，并会为此感到不安”。

此外，还应注意不管选择什么样的妆容，都绝对不应该忽视对眼睛和唇部的描画。眼睛给人的印象取决于眉形与眼线，将眉毛描绘成细细的弧形，再画鲜明的眼线，就会给人华丽的感觉，约会时或者在有风雅气质的地方聚会时不妨尝试下这种妆容。搭配玫瑰色系的口红，将上唇仔细描绘出锐角，会加强华丽的印象。

平直上扬的眉形，深色醒目的眼线，配上强调唇线的深红色的唇，会给人意志极为坚强的印象，在讨好目标群体的同时，也让人深感强烈与坚决强硬的态度。这种强硬感的妆，在提案会议、报告或发表意见时，可以做你的后盾。即使实际上自己很紧张，也能隐藏情绪，不论是在言语还是动作上，都能让你看起来充满自信。

自然往上扬，但尾端突然往下的眉形，帮助你营造出俏皮可爱的形象。画上淡淡的眼线，口红涂得比实际的嘴唇轮廓大一些，然后再迅速地回眸一笑，就能给人魅力十足的女性印象。约会时用这种妆容可以成功地展现你的迷人女性气质，让约会对象对你过目不忘。

第八章

教你一眼看穿他的心

在人际交往过程中，我们都难免会说谎，每个人都有说谎的理由，但是表情或动作往往会出卖我们的真实内心。如果我们善于观察，那么，就算再高明的说谎者，也会在你面前露出马脚。无论是在职场还是在恋爱关系中，第一就是要学会观察，即通过人的表情、心理、语言、神态等方面去了解一个人，从而培养自己在人际交往中一眼看对人的本领，让自己在事业上左右逢源；在爱情中，微表情也是传递信息的重要形式。一个微表情或微动作就能传递给我们足够的信息，让我们俘获对方的心。

1. 说谎到底是为了什么

我们的童年一定会有类似这样的经历：为了争取能和朋友在周末打电动游戏的机会，我们会拍着胸脯向父母保证，周末的作业都已经完成了，而实际上我们才做了一半，或者几乎没动过笔。

我们最初学着说谎是为了一个可以愉快玩耍的周末，那还只是一个单纯的谎言。而随着我们慢慢长大，谎言便开始有了复杂的变化。

一个刚毕业不久的大学生，虽然只是得到了一份很普通的工作，薪水也十分微薄，但为了不让家人担心，或是在同学面前不至于丢面子，他会夸口说他进了一家声名显赫的大公司，一个月的薪水有多少多少，而事实上他的薪水只有他说的一半，只是“打肿脸充胖子”罢了。

生活中你听到的很多谎言都是因为面子问题而产生的，换句话说，是为了满足他们的虚荣心。他们喜欢受到关注和赞美，不愿意别人看低自己，当出现不好的评价时会感受到沮丧和压力。所以当他们只凭内在的实力无法得到别人的褒奖时，撒谎成为了他们换取虚荣心的手段。他们不断地用谎言编织着自己所谓完美的世界，以此来维护面子和自尊。时间长了，也许他们也真的会相信自己的谎言了。

而在爱情里，总会出现一些男人，看上去仪表堂堂，气度非凡，对女人温柔体贴，呵护备至，甚至很浪漫，会在每年的情人节和你们的纪念日的时候送给你心仪的礼物。他们极容易成为女性的梦中情人。不过女人可不要放松警惕，他们抱着你时在你耳边说出的甜言蜜语，往往是临场发挥或精心准备的谎言。

“我没事。”这是男人选择自行消化时说的话，男人遇到问题时，总是会变得沉默寡言。当你发现他有些不对劲时，他却只说自己没事，你开始变得猜疑，也许会埋怨他为什么不肯跟你讲他的心里话，是不够爱你吗？其实他只是选择一个人默默地承受。他有时会用谎言来掩饰自己，来逃避他人的关心。

“过去的女友？就那么回事。”这其实是他们的一种自我保护。女人都非常好奇自己男友的前任女友的情况和他们之前的交往过程。但男人的隐私观念是非常强的，他招架不住你的“刨根问底”，所以只能说不在意，忘记了。这并不是违心之论，只是为了避免你拿这件事作为把柄，日后天天念叨。

“我给你打过电话了。”男人用这个借口，是为了避免吵架。当你遇到男友或者丈夫忘记给你打电话，或因为约会迟到，没能完成你交代的事时，他经常会用这个借口。对他来说，说谎可以避免吵架，避免因吵架而带来的伤害。

“我尊重你的意见。”这是男人为了保护自尊心，避免被你反感的一种方法。当你说你没情绪时，男人会掩饰住自己内心的失望，装作一副无所谓的样子，省得被你说成是一个不懂怜香惜玉的粗人。

“我怎么会骗你？”这句话是为了让你消除戒心，避免麻烦，利用一下两人交往多年建立的信任感，就能成功地使你消除疑虑。

“这件衣服好看。”这句话可以避免你的聒噪，他并不是真心认为你穿这件衣服有多好看。男人对于老婆的提问总会给出类似的答案，其实他并不在意你穿的什么颜色，款式好不好看，他只是不想给自己找麻烦而已。

2. 神情躲闪极有可能是说谎

英国的心理学家在多年的实验分析后表示，人们在交谈时，身体姿势及动作的开放程度和他的可信度呈正比。一个人的姿势动作越自在，就越说明心中坦荡。因为他知道自己是清白的，没必要紧张不安，所以他毫无压力，轻松畅快。而如果在你们交谈的过程中，对方不敢直视你的眼睛，或是不敢接近你，那就意味着，他说谎了。并且我们从他习惯性的一些小动作也可以了解一二，因为说谎会给人造成一定的压力，而这些压力往往会通过一些小动作来掩饰。

一般情况下，说谎的时候不断地转移视线，无法把视线只停留在你脸上的人通常会比较胆小、怯懦。也就是说他们根本就不会说谎，对于说谎感觉像是做了亏心事似的，无法建立对谎言的自信，所以他们的谎言必定会被识破。这种人通常善良老实，与人交往以诚相待，一般不会轻易说谎，说谎肯定有一定的原因，甚至很有可能是“善意的谎言”，因此这种人是可以原谅的。

用手揉眼睛这个动作是十分明显的说谎动作。男性还会把视线转向别处，较多的是看地面，也有的看向窗外或是阳台上的盆栽，为的是在说谎时避免与对方视线接触；但女性多半是轻轻摸一下眼睑的下方，因为她们担心把眼睛周围的妆弄花了。

不自觉地去刮耳朵，摸自己的耳垂，这样的小动作也有可能说明对方是在说谎。他们用这些小动作来掩饰自己的不安，这些动作也显示出他们比较胆小，还只是一个新手。

说话时摸脖子，表示
他可能在撒谎

双手抱胸同时后退，这是一种防范意识。这类动作表示说谎者可能感到心虚，需要通过这样的动作来安抚自己。

在说话时不停地用手摸脖子，这个小动作也是用来掩饰说谎行为的。说话时抚弄衣服，这种行为称为控制性动作，表示他可能在撒谎。

碰鼻子也是撒谎行为的代表之一。关于触摸鼻子的原因，有这样两种较为流行的说法：

其一，当负面的思想进入人的大脑后，大脑就会下意识地指示手赶紧去遮住嘴。但是，在最后一刻，又怕这一动作太过明显，因此手迅速离开嘴部，去轻轻触摸一下鼻子。

其二，当一个人说谎的时候，身体会释放出一种叫作“儿茶酚胺”的物质，会使说谎者鼻子的内部组织发生膨胀。与此同时，一个人撒谎的时候，其心理压力会陡然增大，血压也会迅速升高，这样鼻子就会随着血压的上升而增大，这就是所谓的“匹诺曹的长鼻子效应”。

对方说话时用手偶尔轻捂嘴巴，眼睛不自然地瞥向一旁，说明他可能正在说谎。这个动作是为了掩饰内心的不安，或是遮挡住自己的表情以免被你看出。还有一些人会假装咳嗽，喉咙发出声响，来分散别人对自己刚说过的谎言的注意力。

3. 瞳孔的变化会暴露你真实的情绪

西方流传着一个关于黄金赌徒的传说：黄金赌徒在赌桌上从不会输。他每次都一边下注，一边密切关注着庄家的反应。如果赌注押中了，庄家的瞳孔就会骤然扩大，于是黄金赌徒就会大大加码。庄家屡次掉入陷阱却还不知道为什么，最后只能哭丧着脸，依照赌约把大笔的黄金双手奉上。

俄国有一个叫卡莫的人因盗窃罪在外国被抓，沙皇政府要求引渡他。卡莫知道这件事之后大呼不安，因为他一旦回国，必将面对严惩。于是他装疯卖傻，以粪为食。他的演技十分高超，几乎以假乱真，但是一个精明的德国医生却戳穿了他的谎言。这位医生先是用一根烧火棍吓唬他，卡莫只好装作不认识烧火棍，傻笑着拿了过来。他忍受着巨大的疼痛，双手都被烫焦了，也没有一丝喊叫，仍是一直傻笑。但是他的瞳孔因为痛苦和恐惧而放大了，聪明的医生看穿了他的伪装。卡莫认罪之后被遣送回国，进了监狱，精明的德国医生帮助法律维护了正义。

通过这两个故事我们可以看出，人们早就发现了心理活动和瞳孔的关系。人的瞳孔会随着情绪的变化而相应地放大或缩小，不受主观意志控制，而是一种无可避免的本能，我们可以通过这一点来发现对方是否在撒谎。

不知你是否发现，当我们对眼前的事物或者谈话内容感兴趣的时候，瞳孔就会放大。这种变化是人无法控制的，当一个人撒谎时，他会产生紧张的情绪，在这种紧张情绪的作用下，瞳孔就会扩大，而人在厌恶、疲倦、烦恼时瞳孔就会缩小。但是瞳孔扩大并不就能说明对方在撒谎，在强烈情绪的刺激下，例如疼痛或是愤怒，人的瞳孔也会扩大。但如果交谈过程中说到的话题并不应该引起他强烈的反应，而他的瞳孔还是明显扩大，那这时候我们就要小心了，他的话里有撒谎的成分。

人的瞳孔变化和他故意表达出的情绪不相符时，我们就可以怀疑他所说内容的真实性。说谎的人知道，如果自己什么都不说或是什么情绪都不表现，就会被你认作是反常，甚至会引起你的怀疑。他会伪装起自己的情绪，尽量表现出平时应有的表情，大大方方地回答出你的每一个问题，做出附和的姿态或者说出你期待的答案。他自以为无懈可击，瞳孔中的变化却让他的谎言暴露无遗。

现在我们知道了，用诚恳坚定的目光作为让他人相信你的手段是不够的。因此，如果我们想让自己变得诚恳可信，就必须在目光坚定地看着对方的同时，配合其他的动作来达到目的。下次，当你听别人讲话时，你应当在目光专注地看着对方的同时，用点头、手势等表达意见和看法的动作进一步表示对他人的尊重。

此外，当你和他人进行交谈时，首先要在讲话时和对方进行目光交流，让他对你产生好感；其次，你应该拿出可信的证据——具体数据、人物、地点，来增加你的可信度；最后，兑现自己的承诺，让自己成为一个让别人信赖的人。

4. 眼睛不敢直视对方的人是因为心虚

楼房销售员小王最近业绩明显下滑，经理问他："你这个月的业绩怎么回事？还想不想再干下去了？！"原来小王最近迷上了王者荣耀，每天都要玩到凌晨两三点才肯睡觉，以致早上起不来，常常迟到，工作状态也不好，客户自然就走了。小王被经理训斥的时候，他突然觉得身体僵硬，无法自在活动，于是他低着头小声解释着："家里最近出了一些事情，我母亲生病了……"

像小王这样手脚贴近身体，身体僵硬，是明显的说谎特征。我们先来回想一下正常情况下我们的动作和姿势：通常情况下，我们的四肢会自然而然地舒展开来，并且寻找一个令自己舒服的姿势，比如坐下来，把身体靠在椅背上，把手臂搭在扶手上。

反过来，当人说谎时，因为集中精力在编造谎言上，所以手和脚的动作会减少。如果是坐着，他可能会把双手放在大腿上，双腿交叠在一起；如果是站着，他可能会把手完全插在口袋里，或者双手紧握，手指蜷向掌心，这是出于防卫心态。说谎者缺乏安全感，因此会做出手脚蜷缩、贴近身体的姿势，其他典型动作还有抓耳挠腮，甚至拉扯衣领，解开领带。

不论是无关大局的善意谎言，还是别有用心的弥天大谎，它们是否有共同点呢？我们可以试试专家们研究出的高招，这样就能让谎言无处藏身。

有心理学家发现，大部分人在撒谎时，眼球会转向右上方；而坦诚地回忆时，人的眼球往往会转向左上方。而且人们在说谎时音量也会不自觉地升高，以便掩饰心虚。

人在撒谎时，眼
球会转向右上方

很少有人能记住所有细节，比如问家人昨晚睡觉前都做了什么。他们难免记错一些细节，但说谎者不会犯这样的错误，因为他们已经在头脑中把假定的情景都想好了。

人们在说谎时会非常谨慎地编造故事情节，甚至制造情境，但是他们通常只能顾及建立起自己的思维层面，如果你间断性地问几个他们之前没预料到的问题，那么他们所编造出来的谎言被识破的概率会立刻增加一倍。

英国赫特福德大学的心理学家韦斯曼认为，人们在说谎时会本能地避免使用第一人称，这也是一种逃避责任的潜意识。比如，朋友告诉你，他的车子在路上抛锚所以失约，他往往会说“车坏了”，而不是“我的车坏了”。

美国匹兹堡大学心理学教授杰弗里·考恩发现，真正的微笑会来得很快，紧接着面容会舒展开，然后再逐渐从脸上消失。而伪装或是奉承的笑容来得慢，而且面部两侧不均衡。同时，说谎者的眼睛是毫无笑意的，他们只是需要自己“笑起来”。

5. 从言谈中判断是否撒谎

你和妻子一边吃饭一边聊天，她状似不经意地说：“哦，对了，我明天晚上要去参加一个朋友的生日聚会，咱爸的生日也快到了，我们想想买点什么。”如果你的妻子平时特别爱宅在家里，很少出门，更不喜欢凑热闹，而朋友的生日聚会她也从来没重视过，那么明天的活动就疑点重重。她把出门的话题快速转移到父亲的生日上，表明她企图转移你的注意力，可见事情一定另有蹊跷。

妈妈盘问儿子周六一整天都去了哪里，儿子撒谎说去市图书馆看书了，见妈妈一脸怀疑，儿子又接着说：“我还在图书馆遇见小明了，他说他每个周六都去那儿看书。”妈妈没说话，转身接着切菜，儿子赶紧又说：“小明还让我下周五去他家给他过生日，他还请了好多同学。”

人们在说谎或者隐藏不安情绪的时候，总是想转换个话题，因为心里七上八下的，所以说话的语速会发生变化。平时少言寡语的人突然变得高谈阔论，而平时快言快语的人会突然变得沉默寡言。

当说谎是为了掩饰恐惧或愤怒时，声音通常会比较大也比较高，说话的速度也比较快；当说谎是为了掩饰忧伤受时，声音就会恰好相反。那种担心露馅儿的心理会使声调带有恐惧感，那种“良心责备”的负罪感所产生的声调效果会与忧伤所产生的极为相近。

从声音和说话方式中也能判断出一个人是否在说谎。说话柔中带伤，表明这个人的内心极度悲伤和焦虑；词语重复、声调升高也是一个人说谎的表现；语速快则表示当事人很焦虑，说话时语速加快意味着他的感情加重了。

在谎言突然说出时，很多人以为撒谎要花更多时间来反应，但如果谎言已提前准备好，就会迫不及待地说出来。回答与提问之间的时间差被称为反应潜伏期，反应潜伏期过长，说明他在隐瞒真相。

6. 表情自然得体容易让人产生好感

我们进入职场的第一关就是面试，但很多时候，我们却与好的职位失之交臂，而这并不是因为我们的学历不够。你是否想过，会不会是因为面试时忘记了微笑？总揉鼻子，摸耳朵，整理衣服，或与面试官没有眼神交流呢？

我们需要注意的是，在面试时如果出现面部僵硬、挠头等压力微表情，那将会对我们的面试结果造成负面影响。面试官会将你的微表情和肢体语言尽收眼底。那么，你是否知道这些微表情的含意，又该如何避免呢？

首先，你必须向面试官证明：我是个有能力的人。要把你最合适本行业、本部门的能力展示出来。

其次，你在着装上一定要整洁大方。选择一套适合自己的服装，不但要能衬托你的身形，而且要针对行业特性。

第三，要主动和面试官对视。当面试官问你问题时，你要自信地用目光回应他。但不要过于自信，那会让你看上去十分傲慢。注意保持恰当的微笑，让人觉得你是个开朗的人。你可以是内向的，但决不能是胆怯的。但当面试官提出一些关键性的问题时，你要收起微笑，认真回答。

同时，有些微表情要注意避免，因为它们会降低你的面试得分。例如常用手去扶眼镜，抚摸头发或把玩领带、首饰等。“飘忽不定”的眼神会让你看上去不诚实；手指乱动、咬指甲这样的行为让你看上去不成熟；不要让嘴角撇向一旁，因为那个表情表示不屑；抿嘴唇、挠头会暴露你正处于紧张的状态。回答问题过慢会让面试官不悦；手插口袋，眼睛左顾右盼，不敢直视对方，表示紧张、害怕，对自己没有信心；频繁地看手表，会显得你不耐烦。

一个人紧张的话，面部表情会变得僵硬、不自然，手也会反复地触摸某些部位，这些都会在一定程度上影响你的面试形象，同时你也要尽量避免撒谎。当人们试图掩饰、刻意隐瞒某种心理活动时，内心的真实想法反而可能通过微表情表达出来。每一个表情、动作都有可能成为我们透视他人情感的关键线索，而这往往会被那些阅人无数的面试官捕捉到。

此外，面对男面试官和女面试官时，眼神的停留高度要有所区别，面对女面试官时尽量控制在眼鼻之间，不要向下看，以示礼貌。面试者回答问题时要面带微笑，尽量身体前倾；要与面试官平行对视，身体自然放松，不要太过僵硬，也可以适当增加一些手势，来增加言语的感染力，凸显自信；另外，要规规矩矩地坐下，身体不要左右摇摆，不要跷二郎腿，不要在大腿上放东西，也包括手，不要抓脸和头发，最好也不要让双手在胸前交叉；与面试官握手时的力度要适中。

求职时，人们会遇到形形色色的面试官。而这些面试官主要会根据微表情考察两点，即面试者的自信以及所回答内容的可信度，再综合考虑其展现的性格特征，考量你是否符合职位需求。往往仅一面之缘，就决定了你工作道路的轨迹。

面试官也有自己的一套核定面试者的理论，有时只需瞥一眼，就能当下决定。通常人们把这归因于下意识、直觉或是本能感觉，但这其实往往是人们对微表情的累计认识而产生的经验。而在企业面试时，资深的面试官就是那个会有针对性地分析你的微表情的人。

7. 凝视着你是需要你的顺从

下面就让我们来学习一下，如何看懂上司的微表情。

上司向室内凝视着，不时微微点头。这个信号表示上司要下属顺从他的思想，他不需要什么反驳意见，也不会去理会，认为自己的想法才是正确的。

上司的目光锐利，这是一种权力、傲慢和优越感的显示，同时也在向下属示意：你在想什么我都知道，但你的想法在我这里是不过关的。

上司偶尔往上扫一眼，与下属的目光相遇后又往下看。如果多次这样做，可以肯定上司对这位下属还吃不准。

伸出手指指向对方，这是上司傲慢和自大的表现。上司说话时不抬头，不看人，这是一种不良的征兆。这说明他在轻视下属，认为此人无能。上司从上往下看人、喜欢支配人、手放在身后互握也是这个意思。

友好而坦率地看着下属，或有时对下属眨眨眼，表示下属很有能力，讨他喜欢，甚至错误也可以得到他的原谅。

上司伸出手臂，拍拍下属的肩膀。这是因为上司喜欢用这种方式表达对下属的承认和赏识，但只有从侧面拍才表示真正承认和赏识。如果从正面或上面拍，则表示小看下属或显示权力。

上司久久地盯住下属看，这说明他在等待更多的信息，他对下属的印象尚不完整。

将手捏成拳头，这个动作不仅表示他已经愤怒了，也表示他要维护自己的观点。倘若用拳头敲桌子，则表示不想让下属再有任何发言的意思。

小冯在化工厂工作五年了。有一天，处长突然叫她整理一份文件。关系好的同事告诉她，这其实是一次测试，它关系到小冯是否能升职。她熬了一个通宵，写好后反复推敲，又抄得工工整整。第二天一上班，她就把稿子送到了处长的桌子上。

处长当然高兴，速度快，字又写得好，而且在内容和结构上也没有什么可挑剔的。可是处长看完之后，神情变得严肃起来，让她再回去认真修改。小冯不解地挠挠头，拿回稿子转身往门外走去，处长像突然想起了什么似的说："对，对，那个'副厂长'的'副'字不能写成'付'，改过来就行了。"第二天，小冯按照处长的要求改正之后，处长又恢复了先前高兴的样子，一个劲儿地夸道："写得快，不错。"考试自然过关。

原来，小冯怕自己写得太好，盖住领导的光芒，故意写了一个错别字，把"副厂长"写成了"付厂长"。

在与上司相处时，你的一些小错误给了上司自尊心上的满足。表面上看来，犯错是不好的，实际上却是离上司更近了一步。所以，在上司面前，我们不妨恰当地暴露一下自己的缺点，留一点无伤大雅的瑕疵，把优越感留给上司。

有时上司表面上说什么，心里却期待着相反的事情；有时碍于自己的地位，上司不便轻易表态，但已经有所暗示，那么你就要学会自己去"参悟"。

在职场中，你如果想了解上司，可以观察他的一言一行、思维方式和爱好等等。通过对以上各方面的观察，你就会对上司有所了解，就能从上司的一个眼神、一个动作中知晓其心理。

8. 反应敏捷的人容易做出错误决定

一个关于胃和四肢的故事：

四肢已经不想再为胃工作了，它们想要过绅士般悠闲的生活。它们说："没有我们的辛勤劳动，胃只能去喝西北风。我们每天像牲畜一般劳作，都是为了它。结果呢？我们在这边流汗受苦，它却在那边吃饱喝足。罢工吧，让胃明白，一直以来，是我们供养了它。"

于是，手不拿东西了，两腿也歇着了，大伙儿齐心叫胃自己想办法去找吃的和喝的。

然而可怜的四肢得不到胃消化食物后提供的养分和新鲜的血液，很快就感到衰弱了。它们这才明白，虽然胃好像每天都优哉游哉的，但事实上它对集体的贡献并不比四肢少。

这则故事告诉我们：

在一个集体中，每个人都有自己的分工和职责。你要对自己的角色有一个清醒的认识，不能玩忽职守，也不能逾矩，要时刻保持本分，以免自己的角色发生错位。只有所有的人都各司其职、各尽其责，才能使整体有机地运作起来，才能保障每一个个体的利益。否则，不仅自己受害，还会连累整体。

哈佛大学公关学教授史密斯·泰格总结了在职场中与各种人相处的不同技巧。

傲慢无礼型，这种同事一般以自我为中心，自高自大，缺乏自知之明。你只需长话短说，把需要交代的事情简明交代完就行，尽量不要求他办事。

无私好人型，这种同事确实是天底下最善良的人，但往往容易被人忽略。他不会坏你的事，所以你很可能也会拿他不当回事。其实他往往才是你可以真心相处的朋友。

自私自利型，这种同事把自己的利益放在第一位，你和他相处的时候要多加小心，尽量不要得罪他。和这种同事相处，你必须让着他，并提供关心。

沉默寡言型，这种同事一般性格内向，不善言辞与交际，所以你要“特殊对待”他。和他相处你不要太过热情，要循序渐进。如果谈到他擅长或感兴趣的话题，他会对你产生好感。

深藏不露型，这种同事自我防卫心理特强，这是一种非常自卑的表现。你很难了解他在想什么，如果你一定要去了解他，打探他的生活，他会对你产生敌意。

生活散漫型，这种同事缺乏上进心，只有懒散的生活才是他的追求。工作上缺乏热情，生活中讨厌麻烦的事情，不会做饭或者打扫家里。和这种同事相处，你不能把重要的工作或者事情交给他，否则你会气得跳脚。

草率决断型，这种同事乍看反应敏捷，但他常常在交涉进行到高潮时，忽然做出决断，这往往会导致一些错误的决定，甚至很有可能连累到你。最好的办法就是经常给他泼泼冷水，让他保持清醒的头脑。

欺负新人型，这种同事对待新到的人，在相当长的一段时间里拿对方不当回事，指使对方做这做那。这种同事一般都是欺软怕硬的人，只要你反击，他也不敢再对你怎么样，很快就会把矛头指向下一个新来的人。

搬弄是非型，他到处打听其他人的隐私，并乐于传播谣言，但他自身却没有什么长处。这种人让你讨厌，但他并不可怕，只要他说的构不成诽谤，又能伤着你什么呢？

总之，判断好同事的类型，可以更好地与他们相处，从而获得良好的人际关系。

9. 单肩耸动是因为不自信

要学会捕捉客户的微表情。

说话时单肩耸动或抿住下唇，这表示他对自己所说的话极不自信。身体和语言不一致，表示他在撒谎。面部的表情左右不对称，也表示他在撒谎，这种情感很可能是伪装出来的。例如，撒谎时，摇头否认之前可能会有一瞬间的点头动作。

下巴扬起，嘴角下垂，这两个动作表示自责。对方嘴角轻微上扬而又恢复，表示可能你说错话了。左嘴角上翘，嘴唇紧闭，这是表示鄙视的意思。抬下巴，皱嘴唇，表示很窘迫。

不过，在许多会议或者谈判桌上，大家心里通常比平时要紧张，所以微表情展现的时间可能比平时短，因此需要更敏锐的观察力。

如果客户没有直视你，反而不断地扫视四周的物体或者向下看，这说明他对推销的产品并不感兴趣。如果他目光呆滞，则说明他已经感到厌倦至极，只是碍于礼貌不能立刻让你走开。

客户一见到你就说自己很忙，他很可能并没有考虑过被推销的产品，更不想浪费时间。

从言语表现上也能看出，如果客户不回应，而是面无表情地看着你，说明客户觉得自己受够了。

身体上的动作也能表达出他的内心感受。客户在椅子上不断地动，或者用脚敲打地板，用手拍打桌子或腿，把玩手头的物件，都是不耐烦的表现。如果他开始打哈欠，头和眼皮下垂，四肢无力地瘫坐着，这表明他感

单肩耸动表示
不自信

到销售员的话题简直无聊透顶，他都要睡着了。即使你硬说下去，也只会增加客户的不满。

面对客户的这些表现，你可以尝试退一步的策略，如果你给客户留下的印象是正面的，或者下一次他想购买相关产品时，就会变成你的客户。注意，一定要保持自信和乐观、热情的态度，不应因为遭到拒绝而消极对待客户。

那么，客户表示积极情绪的肢体语言都有哪些呢?

客户微笑、点头，嘴角甚至鼻子部位都带着浅浅的笑意，看起来很热心，这说明他购买商品的可能性很大。如果他注视着你的眼睛，用专注的目光进行眼神交流，表现出浓厚的兴趣，说明交易能够很好地进行；如果客户专注地观看产品展示或产品示范，则他很可能要着手购买了。

如果客户坐在椅子的边缘，上身微微前倾，睁大眼睛，一副渴望仔细聆听的样子；而两条腿自然下垂，只用脚尖触地，这说明客户已经准备签订购买合同或愿意同推销员合作了；如果他甚至开始搓揉双手，那么可以认定他有点迫不及待了。

假如在谈论期间，客户手部自然伸展，或脱下外套，则说明他愿意接受你的看法与建议。如果他此时语气温和、愉快，则交易的成功指日可待。

如果客户出现了上面这些反应，就表示他愿意接受相关产品的讲说。这个时候你可以继续与客户讨论，回报以同样的热情，使气氛融洽，并让客户确信他可以认真思考是否购买这款产品。

10. 目光瞥向一旁表示心存异议

谈判桌上，如果能从对方身上的细微之处窥探到其内心的秘密，就能掌握主动权，达到事半功倍的效果。

眼睛是展现一个人的内心世界的窗口。为了达成交易，你必须通过眼神交流，让对方感知到你的诚意。

如果对方不敢看你，或者看一眼马上又移开目光，那么说明你正处于优势状态；如果对方目光冷硬地直视你，很明显，他在威胁你接受他的条件。

谈判的时候，目光接触到最多的就是一个人的脸。比起严肃刻板的脸，大多数人都喜欢面对友善亲切的脸。换句话说，“冷脸”“苦脸”“怒脸”都是减分的，最好不要出现。

例如，“笑”既可以表示认同，也可以表示否定。如果对方一边的嘴角上扬，同时目光瞥向别处，很有可能对你的方案有所保留。这种时候，你需要重新调整思维。

你要学会使用道具，真正的谈判专家很少会两手空空地进行谈判，因为他懂得一个道理：眼见为实。他常会带一些模型、图片、图表报告、样品等形象化的东西作为道具，以加强自己的谈判优势。但是使用道具需要注意几点：第一，你必须对自己所带的道具很熟悉；第二，你需要确保道具的质量；第三，谈判过程中要把握好时机，明白什么时候用道具，什么时候收道具。正确运用道具，能使你的谈判成功率提高 50%以上。

在谈判中，回答问题是不可避免的，而如何回答，往往能决定你在谈判中的地位。如果不小心被对方绕进去，也就意味着谈判的失败。因此，我觉得有必要教新手谈判者几个实用的答话技巧。

首先，有选择地回答问题。有经验的谈判者都知道，并不是所有的问题都必须回答。对于那些有损己方形象的挑衅性问题、关于个人隐私的无聊问题，你可以选择“无可奉告”。

其次，避免绝对性的回答。回答问题时一定要给自己留好余地，不要把话说死，如果你过早地暴露自己的实力，将给对方可乘之机。

最后，不要急于回答。在回答问题之前，你必须对问题的实质进行分析，搞清楚对方的真实意图，然后有针对性地进行回答。如果觉察到对方设置了圈套，就选择一些模棱两可的词句，以免使自己陷入被动局面。

实质阶段后，双方通常会就一些条件进行协商。当协商无法立即达成意向性协议时，话题该如何进行下去呢？留意对方以下几个小动作，它们是在告诉你，对方很有可能要采取下一步行动了。

如果对方在谈判过程中清嗓子，说明他无法接受提出的条件，你需要有所准备；如果对方在谈判陷入僵局时清嗓子，则表明他准备发言，而且内心有些紧张。

观察对方的手指。伸开手指可以释放压力，增加自信。如果对方将手逐渐伸开，说明他心情放松，打算陈述自己的观点。

接着，如果对方将身体靠近桌面，嘴部微微张开，表明他已经想好条件，打算继续和你谈。

当然，谈判必须在有准备的情况下进行。谈判之初，你必须了解对手是否有权在协议书上签字，如果他表示决定权在上司那里，你就不要浪费时间了，到关键时刻千万不要被别人牵着鼻子走。

11. 掉入陷阱是因为你被“完美”所欺骗

大多数不美满的婚姻，都是由最初的错误判断造成的——对自己没有正确的认识，或者对恋人有着过高的要求和期待，在结婚前只是沉浸在你所想象的婚姻世界里。

选择伴侣自然需要谨慎，那么怎样才能避免选到错误的人呢?

如果你是一个肤白貌美、身材纤细，并且拥有一头黑、长、直头发的魅力女人，你会愿意选择一位相貌粗犷、愣头愣脑的男人吗?我想百分之七八十的女人都会摇头。当然，大自然也许非常愿意看到这二者的结合，因为这样的结合常常可以产生出健壮的子女，传递下来优秀的基因。但就现实生活而言，这种结合的代价太大，因为女人的柔美与纤巧将随着时间的推移渐渐丧失。当然，我也不建议你去找一位和自己一样纤弱的白面书生结婚。两个同样敏感、脆弱的人在一起，往往是相互伤害或者自伤。

同样的道理，假如你是一个性格开朗，快言快语的男人，娶一个性格太过外向的女孩也是不合适的，那样你将永远不懂何为理想、何为文化、何为艺术。你最好也不要去找身量过于纤细、外表过于柔美的女人，因为你的粗心会时时刻刻让她觉得你不够爱她，从而伤心离开。

如果你希望自己的另一半热爱家庭、忠于守护，那么你应该寻找那些脑袋后部较丰满的人；如果你想要一位会赚钱、善理财的伴侣，那么请留心观察对方的太阳穴，即鬓角部位，这个部位越宽，则说明其越有赚大钱的能力。如果你喜欢有毅力的人，那么他（她）应该是头部（自耳朵以上部分）较高的人，或者下巴长而突出的人。

另外，你要留心那种嘴唇非常厚、后脑勺比较大、颈后部肥满、眼皮厚而多肉的人。尽量别和这种人扯上关系，因为他们是自私和贪婪的代表。

当你选择了伴侣，并和他（她）幸福地在一起时，你会本能地隐藏起自己性格上的缺陷以及不好的习惯，而尽量去把自己最好的一面展示出来。

小刘很年轻，性格比较冷淡，甚至对自己的父母都是爱答不理的。但当她的男朋友出现在家门口时，小刘立刻就变得十分热情，而且一改平时慵懒的样子，对他嘘寒问暖，呵护备至。那是个很不错的青年，仪表堂堂，玉树临风。从他打招呼和握手的方式看，他是个很有修养的年轻人，稍加磨炼，将来能成就一番事业。

无论平时多么谨慎精明的人，一旦谈起恋爱，智商就会大幅度下滑，甚至变成零。当两人走进婚姻的殿堂，从某种程度上，就从恋人变成了亲人。在琐碎的日常生活中，一些在恋爱时没有发现的缺点和矛盾就会浮出水面。于是我们常常听到这样的抱怨——“你怎么会变得这么邋遢？”“你就不能像以前一样勤快一点儿吗？”

确实如此，和一个人在一起越久，他（她）身上的缺点就越无处遁形。在感情世界里，我们特意隐藏起的那一部分是非常危险的陷阱。处于热恋中的男女往往会有意识地收起自己的缺点，制造出“完美”的假象。而当两个人真正走到一起，朝夕相处，性格、习惯上的不足就会渐渐显露。很多情侣之所以婚后不幸福，就是因为被恋爱中的假象蒙蔽了。

12. 整理领带是因为对你有好感

微表情通常是一个人下意识的举动，它很少具有欺骗性。恋爱中常见的微表情和微动作可以让你看穿他的心。

如果一位男士在你面前整理领带，说明他希望吸引你。另外，他会很在意头发是否整洁光亮，夹克的翻领是否到位等细节问题。若男人在你面前抠纽扣，则表明他很紧张。

女人为了在心仪的男士面前保持形象，会不时地把滑落的头发理顺，或是用手把头发理向脸的一边。另外，男人在和心仪的女人谈话时也有整理头发的习惯。

如果一个人喜欢你，他（她）在面对你时，唇部会有瞬间的机械性的开启。这个动作同样非常细微，不容易看到。但是，如果你是一个很细心的人，观察到这个变化也并不是没有可能。

看到喜欢的人，我们都会不自觉地扬眉或低眉。当然，如果对方对你有好感，那他（她）也会有相同的表现。这一肢体语言随时都会在不同年龄层的异性之间出现。

如果一位男士面对你笔直地站着，并且衣着得体，肩膀自然下垂，这说明他想向你展示他挺拔的姿态，希望引起你的注意。如果他身体稍稍前倾，靠近你，倾听你的谈话，这更能表明他对你有好感。

如果某人的鞋尖朝向你，表明其肯定对你感兴趣。如果某人的膝盖朝向你，则是在向你暗示，他想和你建立更亲密的关系。一个最具魅力的姿势是，女人盘腿而坐，并把膝部暴露给与她交谈的人。

相处时，对方身体前倾，靠近你，说明他对你有好感

很少有人看到自己心爱的女人穿着别人的衣服从外面约会回来会觉得开心，即便她被冻坏，男人也不愿意看到上述事情发生。男人向女人提供他的羊毛衫或外套，是因为这是一种防御手段，是表达性和所有权的姿态。

男人和女人一样，兴奋时喜欢把玩杯子，或者握着刀叉等物品，轻敲桌面。女人的腕关节一直都被认为是比较性感的部位，当一个女人对某个男人感兴趣时，她会设法把自己的手掌和腕部暴露在男人的视线内。

如果一个男人专注地盯着你身体最美的部位，毫不掩饰他是在欣赏你优美的身材。男人在第一时间本能地审视你的身材后，接下来他的任务就是让你知道他已把你视为他的性伴侣了。

如果某人对你感兴趣，他会不时地摸一下自己的下巴、耳朵和面颊。这是自体性行为和紧张相结合的产物，这一行为表明他在试图掩饰内心的慌乱。当我们喜欢一个人时，唇部和脸的下半部就会变得对刺激物特别敏感。

我们需要明白，我们不可能得到所有人的喜爱，如果他有以下的几种表现，那说明他对你不感兴趣。在你们交谈时，如果对方总是顾左右而言他，动作手势有过多夸张的举止，表示着他内心的不安定；闪烁其词，前言不搭后语，或是说话时常常闭眼睛，这是他在掩饰自己的不耐烦；如果他言语中轻蔑又清高，这表示他有些看不起你；发言时保持微笑，却笑得很勉强，眼神总是避开另一方，这类人擅于表演。

13. 总是微笑的人防备心强

如果他神情紧张又坐立不定，这种男人很容易脸红，有些羞涩，常常低着头不敢正眼看你。一般的女性第一眼看到这种男人，会觉得他像个小男孩一样，无法提起兴趣。

这类男人多内向被动，不善言辞，他希望得到你的关注，而且他拥有着你还没见到过的、很优秀的一面。如果你喜欢他，就要用平等的眼光看待他，主动和他交心，他就会慢慢平静下来，你们也会渐入佳境。

如果他风趣幽默，礼貌周到，他的每一个动作都极优雅大方，初次见面，女人总会被他极其洒脱的举止和风趣幽默的言语所吸引，不知不觉被他的情绪所感染。

这样的男人很容易相处，懂情趣，很浪漫。但是，他的感情浓烈，会很快投入一段感情，情淡了也会很快抽身离开，不会流连忘返。你若被他深深吸引，请尽量保持爱情的新鲜感，以此来拴住他的心。

如果他轻松自如，不拘小节，他一脸轻松，如同与熟悉的老友见面，很随意地入座，身体后仰，或是把腿张开，一只手托着腮，怎么舒服怎么来。第一眼看到他，大多女性都会感到迷惑。

这样的男人很随性，讲义气。你若对他没兴趣就到此为止，结束爱情游戏；如果你对他产生了兴趣，就让他感受到你的性感与魅力。当他把你当成女性看待时，你俩的关系才有望升级为恋人。

如果他彬彬有礼，始终微笑，他的笑容很温暖，是个风度翩翩的暖男，他一出现你就发现了他的笑容迷人。你会不由自主地怦然心动，觉得遇上了理想的情人。

对于这样的男人不可掉以轻心，他只是不表示自己的真实想法，习惯于隐藏自己，和你聊天也不会深入到涉及隐私。你需要冷静下来，并表现出你温柔、亲切的一面，让他的防备心降低，从而摘掉保护自己的外壳，表现出真实的一面。

他的眼神恍惚，有点坐不住，东张西望，反应迟钝，时而看看手表，时而玩弄手机，给人心不在焉的感觉。这样的男人多半对你没有兴趣。

这是很明显的烦躁情绪，说明他对此次约会根本没有兴趣。他也许只是为了应付家人而来，只想着能赶快结束约会，完成任务。

对这样一个既对你没有兴趣又随时想逃跑的男人，还是尽早结束此次约会吧。

他表现得镇定自若，但会不自觉地严肃起来，面部紧绷，双唇紧闭，并且关注着你的一举一动，像是要把你从外到里看个透彻，活像个侦探，让女性感到不舒服。他如此关注你，甚至会不停地向你发问，对你提出各种意见，包括你的某些小行为。这些行为表示他在怀疑你，正考虑是否与你谈感情，并且他缺乏自信，难以付出真情。

与这样的男人约会很难放轻松，因为他太喜欢挑刺。面对他的意见，不要太过在意，也别急于表明观点，只要做个安静的倾听者，适时给予回应就好。如此也能让你了解他真正想要什么，以便更好出击。

14. 不断交叉双腿的动作是在表达厌烦情绪

很多女孩子都喜欢在坐着的时候偷偷抻拽裙子，使之保持平整。这样的女孩子个性保守，传统观念较强。她会把每一段感情都认真考虑，希望恋爱的对象也是日后结婚的对象。那些只想玩玩的男人，请离她远一些，否则她会因你而受到伤害。

不断交叉双腿，这代表着她对于你们之间的这个话题已经有些厌倦了，但又不好意思借故离开。如果不想让她继续这样，就换个话题或者结束谈话吧。

用手撩动鬓发，这是很多女孩子的习惯动作之一，同时也揭示出这个女孩子对于自己容貌的自信。她正期待着对方由衷的欣赏或表扬，如果这个时

不断交叉双腿的动作是在表达厌烦情绪

候男人对她说出几句适当的夸奖，那会使她心花怒放的。

用手摸脸，这是恋爱初期的女性常会出现的行为，因为怕对方看到她的含情脉脉或脸红，所以会试图以手遮挡脸部，并且低下头去，不敢与你对视，以此来达到掩饰自己的目的。

手托下巴，这代表着女孩子对于这场约会以及约会对象的失望，很明显，对方不是自己所希望的恋爱对象。这时候女孩子可能心里最期望的是尽快结束这场约会，只是有时候碍于面子在拖延时间而已。如果一个女孩子在初次约会时就有这样的表现，那这次约会肯定是泡汤了。

不停玩弄手指，或是玩弄手边的小物件，这表明女孩子处于极度尴尬之中，是面对陌生异性时的不自然。这时候男方应该主动打破尴尬局面，多找一些女孩子感兴趣的话题，例如文艺电影或者明星，使你们的约会更加完美。

大部分女性在与异性擦肩而过时都会有一瞬间将头低下，但是这种行为也有不同的含意。如果女性以极平常的眼神看待男人，表示对他没有任何特别的感觉。如果女性是以很开朗的眼神和擦肩而过的异性对视，这时也别太高兴，也许只是突然心情不错罢了，未必是对你有兴趣。

在电视剧中，我们经常会看到有的人在别人看不到的桌子下面轻轻用腿的摩擦来交流，这是公共场合常见的一幕。尽管你们十分亲密，但是这种小动作充满了挑逗性和刺激性。当然，在不同的环境，它还有另外一层意思。

当被挑逗的一方把腿部更多地向对方靠过去，或者女性把一条腿叠放在男性放在自己大腿的手上，更无须怀疑他们感情的牢固性。

同时，这种方法也适用于一方想把另一方的注意力拉回到自己身上。比如，当女性发现男性注视其他女性的时间过长时，就可以采用这个小动作来提醒他：你看也没用，现在给你留着面子，等回家之后就收拾你。这种招数要比当众吵架高明得多。

现在你是否对她们的微动作有了新的认识？在与异性接触时我们要善于观察，这有助于我们更加了解异性心理。

15. 两性特质也存在着互换

男人和女人的外在差别是显而易见的。从总体上来说，男人肤色较深，毛发较粗，声音低沉。相对而言，女人的肤色较浅，毛发细软，声音尖细。这种差异决定了男人和女人不同的社会分工，也影响着人们对两性关系的认知，即男人是主宰，女人只是男人的附属品。

在很长一段历史时期内，这种传统的两性观念深深影响着人类社会，甚至在当今社会仍存在着这样的思想。“男权主义者”“大男子主义”等仍然存在。男人是力量的象征，他们以获得荣誉和崇拜为目标；女人的主要任务是繁衍后代，守护家庭，等候着男人的归来。

在今天，社会分工出现了一些新的变化——女人们变得越来越独立，开始外出工作，而不是靠男人养活，并且在一些个性化的工作上非常有能力，甚至超越男人成为领导者。她们爱憎分明，自我表现欲很强，常常以自我为中心，她们宁愿独来独往，自由自在，也不愿成为男人的附属品。

文明的进化使男女之间变得越来越融洽。现在的男性也显然有了更多的女性特质，情感、艺术、家庭不再是女性的标签，男性也懂得温柔、心疼、退让。同样，女人也逐渐具备了男性的一些特质，她们不再只是坐在家中的“生育机器”，而是变得自信、勇敢、主动。女人可以和男人一样，只要她们想，她们就能在各个领域获得成就，而且毫不逊色，令人惊叹。

但这几乎没有改变女人内心深处的本质，她们寻求的是安定和温暖的生活——即使是那些外表干练的女强人，她们的内心仍然是纤弱的，她们渴望被保护，渴望一个温暖的家庭。

对男人而言，他们粗枝大叶，喜欢征服和被崇拜，事业是最高目标；但对女人而言，她们敏感细腻，认为家庭才是精神支柱，能够支撑她们的幸福，快乐地生活。换句话说，男人为了财富、权势以及女人而奋斗，女人为了美丽、安宁与幸福而寻觅。所以出现了一个很有意思的现象：男人强大似乎是天经地义的，能够赢得女人的青睐；而反过来，女人太强大，则常常会使男人望而生畏。

从心理学的角度看，女人感性，思考问题也是凭感觉的，而且她们的触觉比男性更敏锐。而男人思考问题是理性的，相比之下，他们的视觉更敏锐。

由此我们得知，男人和女人在性别上的区别是相对的。在这个世界上，从某方面说，并不存在纯粹的男人，也不存在纯粹的女人。在很多男人身上，我们会发现女人的特质，例如敏感、纤细、柔弱、同情心强；在很多女人身上，我们也会发现男人的特质，例如好斗、强硬、粗心、事业心强。这个世界存在着游戏人生的女人，也存在着忠贞不贰的男人。

男人和女人对爱情和婚姻的不同理解和体验，决定了经营婚姻必须要双方相互包容，同等付出，以此来保持平衡。

图书在版编目（CIP）数据

微表情心理学：瞬间看透内心 / 张荣妹编著. --
哈尔滨：哈尔滨出版社，2019.6
ISBN 978-7-5484-4688-0

Ⅰ. ①微… Ⅱ. ①张… Ⅲ. ①表情 - 心理学 - 通俗读
物 Ⅳ. ① B842.6-49

中国版本图书馆CIP数据核字（2019）第085625号

书　　名：微表情心理学——瞬间看透内心
WEI BIAOQING XINLIXUE——SHUNJIAN KAN TOU NEIXIN

作　　者：张荣妹　编著
责任编辑：杨浥新　张　薇
责任审校：李　战
封面设计：源画设计室

出版发行：哈尔滨出版社（Harbin Publishing House）
社　　址：哈尔滨市松北区世坤路738号9号楼　　邮编：150028
经　　销：全国新华书店
印　　刷：哈尔滨石桥印务有限公司
网　　址：www.hrbcbs.com　　www.mifengniao.com
E-mail：hrbcbs@yeah.net
编辑版权热线：（0451）87900271　87900272
销售热线：（0451）87900202　87900203
邮购热线：4006900345　（0451）87900256

开　　本：787mm × 1092mm　1/16　印张：14.5　字数：204千字
版　　次：2019年6月第1版
印　　次：2019年6月第1次印刷
书　　号：ISBN 978-7-5484-4688-0
定　　价：38.00元